サバイバル宗教論

佐藤 優

JN283785

文春新書

955

はじめに

今年、二〇一四年は、第一次世界大戦勃発一〇〇年にあたる。英国の歴史家エリック・ホブズボームは、一七八九年のフランス革命から一九一四年までを「長い十九世紀」と名づけた。別の言い方をすると第一次世界大戦が勃発した一九一四年から現代が始まるのだ。

フランス革命以後の世界は、基本的に人間の理性を信頼していた。そして、合理的な思考で科学技術と経済を発展させた。啓蒙主義が支配的な思想になった。もっともヨーロッパやロシアでは、合理主義に反発し、人間の直観と感情、そして情念を重視するロマン主義もそれなりの影響力を持ったが、主流は啓蒙主義だった。この頃、宗教は時代遅れの役に立たないものと見なされていた。

しかし、第一次世界大戦による大量殺戮と大量破壊が人間の合理性に対して根源的な疑念を抱かせるようになった。一九一四年六月二八日、ハプスブルグ帝国（オーストリア＝ハンガリー二重帝国）の皇太子フランツ・フェルディナント夫妻が、サラエボ（当時オーストリア領、現ボスニア・ヘルツェゴビナ領）でセルビア人青年によって暗殺された事件が、未曾有の世界戦争を引き起こすとは、当初、誰も思わなかった。仮に戦争が勃発するとしても、局地的で、数週間で片がつくと当時の政治家や外交官は考えた。しかし、事態は予想外の展開を遂げた。一九一八年一一月に第一次世界大戦は終わったが、敗戦国のドイツとオーストリアに対する戦時賠償が厳しすぎたため、ナチスの台頭を招き、一九三九年に第二次世界大戦が勃発する。一九四一年一二月の日米戦争により、戦争はアジア太平洋地域にも広がる。二つの世界大戦を区別せずに「二十世紀の三一年戦争」と呼んだ方が正確かもしれない。

科学技術の発展は、人類に便益をもたらす機械や交通機関を発達させたが、同時に毒ガス、機関銃、戦車、軍用機、原子爆弾などの殺人用の道具を飛躍的に発展させた。理性を過大評価した人間中心主義を信頼することは、もはやできないというのが一九一四年以後のわれわれの現実なのである。

このような危機から人間を救い出さなくてはならない。宗教の本質は、人間を救済することだ。私は、同志社大学神学部と大学院でプロテスタント神学を学んだ。神学のフィールドは、大学や教会に限られない。世界の全てが、神学のフィールドであると私は信じているので、外交官になった。鈴木宗男事件に連座し、外務省を追われ、職業作家になってからも、私は神学部時代から取り組んでいる事柄にずっとこだわり続けている。別の言い方をするとキリスト教という宗教の力を危機的状況に陥っている人間の救済(サバイバル)のために生かすことを考えている。

本書は、臨済宗相国寺派の佐分宗順・教学部長が、私に第一五回教化活動委員会研修会で四回の連続講義(二〇一二年二月八日、三月二八日、五月一六日、七月四日)を行う機会を与えてくださったことにより生まれた。この連続講義は、主に相国寺派の僧侶を対象に行われたものであるが、若干名の一般市民の受講者も加わっている。この連続講義で、私は、人生で初めての機会であるが、仏教専門家を対象に、キリスト教の視座から見た現下の危機に対する克服の処方箋について話した。双方向性を担保した講義だったので、有益な意見交換ができたと思う。この連続講義録は、二〇一三年八月に相国寺教化活動委員会から『危機の時代における宗教』というタイトルの小冊子として刊行された。今般、相国寺教化活動委員会の御厚意で、この記録を宗教専門家でない読者のために再編集し、文春新書から刊行でき、とてもうれしく思う。宗教から危機に強い人間になる技法を体得するために本書は有益である。

本書の刊行にあたって諸々の便宜を図ってくださった前出の佐分宗順師、また相国寺との御縁をつけてくださった野本真也・同志社大学神学部名誉教授（元学校法人同志社理事長）、編集のプロの観点から、貴重な助言と協力をしてくださった株式会社文藝春秋の飯窪成幸氏、西泰志氏に深く感謝申し上げます。

二〇一四年一月二四日、東京にて

佐藤優

サバイバル宗教論◎目次

目次

高福祉国は警察国家
宗教はさまざまな階級をつなぐ
中間団体こそ民主主義の砦
「きずな」はファシズム　ほか
質疑応答
コラム――ゲルナーのナショナリズム研究／監視国家スウェーデン／中間団体と民主主義

第一講　キリスト教、イスラーム教、そして仏教

はじめに

前科一犯の佐藤優です。よろしくお願いします。

考えてみると、キリスト教というのは犯罪者の多い宗教ですよね。教祖であるイエス・キリストは国事犯（ローマ帝国への反逆罪）で、十字架にかけられて死刑になったわけですから。

それから、私は同志社の出身ですが、同志社大学の創立者である新島襄も国事犯です。当時、外国に渡ることを禁止されている状況の中でアメリカに密航したわけで、見つかっていたら死刑になったわけですから。

しかし、キリスト教以外の仏教にしても、イスラーム教にしても、あるいは儒教にしても、その教祖は尊敬されている状況の中で天寿を全うしているということになり、やはりキリスト教というのはその意味において、ひねくれた宗教だと思うんです。

ところで、私にとって相国寺はたいへん懐かしい所なんです。というのは、同志社の神学部にいるころ、よく法堂《はっとう》の石組みの上に座って友達と弁当を食べたり、あるいは神学書の難しい本は図書館で読んでいてもなかなか進まないのですが、ここに来て読むと能率が上がるのでよく利用させていただきました。

今回、同志社の理事長をしておられた野本真也先生――この人は旧約聖書学の国際的な権威ですが、私の指導教授でもあるんです――から、同志社の神学部出身の人間が相国寺で話をするということは、同志社と相国寺の歴史においては画期的な出来事だからぜひ引き受けてほしいと言われて、お引き受けすることになりました。

母親の沖縄戦体験と信仰

私の母はキリスト教徒で、沖縄（久米島）の出身なんです。父は東京の出身ですが、ルーツは福島で、実はキリスト教徒ではありません。

私の母親は、沖縄戦を十四歳のときに体験して、生きるか死ぬかという非常に大変な時代を生きた人なんです。十四歳の時、陸軍軍属になりまして、当時女学生で日本軍と一緒にずっと最前線で行動しました。そして一九四五年六月二二日（一般には二三日とされていますが、大田昌秀琉球大学名誉教授の研究によって二二日が正しいことが実証されています）の未明に沖縄の第三二軍の牛島満司令官と長《ちょう》勇参謀長が自決をして、日本軍の組織的な抵抗は終わるんですけれども、母親はその後も摩文仁《まぶに》の浜の壕に潜んでいたんです。首里から撤退するときに、母は日本軍から手榴弾を二つ渡されました。いざとなったらこれで自決せよ、と。母親が隠れていたガマという天然のサンゴ礁の壕には一七人の軍人と民間人がいました。皆で約束をして、外でもし米軍に見つかったならば、外で自決するか、あるいはもうこの壕には戻ってこないと決めていたそうです。お手洗いに行ったり、水をくむために順番でだれかが外へ出ていかなければならなかったからです。

あるとき、米兵に見つかった日本兵が戻ってきてしまったそうです。外から見ると穴の中は暗い。よく見えないんですが、陸軍の三八式歩兵銃が立てかけてある。そのとき、アメリカ兵は自動小銃を持ちながら、ぶるぶる

Q 沖縄戦

沖縄では、太平洋戦争末期に激しい地上戦が戦われました。

日本軍は、本土防衛の最後の拠点を沖縄とし、昭和十九年三月に第三二軍を創設。

一方、米軍は、昭和十九年一〇月一〇日、南西諸島全域に大規模な空襲を行ない、翌年三月二六日、慶良間列島に上陸。四月一日に、一五〇〇隻近い艦船と膨大な兵員をもって沖縄本島に上陸を開始しました。

ここから約三〜五カ月にわたる沖縄戦が始まります。組織的戦闘は、六月二二日未明に、第三二軍の牛島司令官と長参謀長が自決したことにより終結したとされていますが、その後も局地的戦闘が続きました。

この戦闘での死者は、一般市民約一〇万人を含め約二十数万人と言われています。

と震えて、手が揺れていたそうです。こういうときは、ちょっとした行き違いで全員殺されてしまうことになるわけです。

そこに下手な日本語をしゃべる、後でわかったんですけれど、ハワイから来た日系人の語学兵が、「出てきなさい。すぐ出てきなさい」と投降を呼びかけた。母親は手榴弾の安全ピンを抜いたそうです。サンゴ礁の壁にたたきつければ三秒から五秒で吹っ飛ぶ。現にそういうふうにして死んだ人たちがたくさんいました。

そこで母親は一瞬躊躇したんです。そのとき横にいたひげぼうぼうのアヤメという名前の北海道出身の陸軍伍長が、「死ぬのは捕虜になってからでもできる。ここはまず生きよう」と言ったからで、母親も両手を挙げて降伏しました。

私の母親は二〇一〇年に死んだんですけれども、結局、十四歳のそのときから、残りの人生というのは「余生」だったわけです。それで、戦後、私の母親は二つの大きな原則を立てていました。一つは、天皇陛下のために死ぬんだと頑張って、十四歳のときに命も全部ささげるつもりだったのに、日本は簡単に手を挙げて降伏してしまった。しかもその後、沖縄を切り離してアメリカの政権下においてしまった。だから、もう日本の国家というのは信用できない。反戦、平和を支持し、熱心な社会党の支持者になりました。

それとともに、価値観の空白を埋めるために、戦後すぐキリスト教（プロテスタント）の洗礼を受けました。それで、生涯独身で保健婦になりたいと思って看護学校へ行きました。ちょうどそんなときに、中国大陸から復員して、職がなくてアメリカ軍の嘉手納基地で電気技師として働いていた私の父親と知り合って、内地、すなわち日本に渡るわけです。

自分の技術だけを頼りにした父親

父親には、宗教的な感覚というのを私はあまり感じませんでした。ただ、技師ですから、信用できるのは自分だけという思いがあった。国家などは信用できない。同時に、反戦平和とか、社会主義も信用できない。とにかく自分の手の触れる範囲で家族をきちんと守り、金を稼いでくる。

また、「成績を上げろ」とか「受験勉強で頑張れ」ということも言わなかった。ただ、「お父さんとお母さんは十分な教育を受けることができなかった、だから勉強だけはきちんとしておきなさい」と言っていました。国家というのは国民をだますものだ。えらい人も人をだます。だまされずに自分で判断できるようになるためには勉強が大切だということで、教育に関しては熱心で、私が本を買いたいと言うと買ってくれたし、学習塾へも通わせてくれました。

ただ、父親の望みとしては、官僚や政治家などは絶対になってはいけない職業で、父親自身は銀行に勤めていたのに、銀行員にも絶対になるなと言っていました。銀行員になると、人の顔を見る度に、その人間から幾ら稼げるか、値札がかかって見えるようになる、と。父親は、銀行の文化というのを非常に嫌っていました。銀行勤めではあっても技術系だった父親は私にも技術屋になることを期待していました。技術さえあれば自分の技術で飯を食っていくことができるし、人にもあまり迷惑をかけないというわけです。

父親は二〇〇〇年にがんで死にました。

若い将校のお守り

母親は非常に不思議な人で、教会には時々通っていたのですが、あまり熱心な信者ではなかった。それで、私が同志社の神学部に行って洗礼を受けるまで、母親は、自分が洗礼を受けていたという話をだれにもしていなかったんです。実はお母さんも洗礼を受けていたんだという話を私も後になって知るんです。

それから、時々隠れて靖国神社に行っていました。それは、三人姉妹だった母親のすぐ上の姉が戦争で死んで靖国神社に祭られているからなんです。

母親が沖縄戦に従軍したときの証拠はたった一つしかありません。捕まったとき、母親は軍人用のズボンをはいていて、そのポケットには写真や手紙がいっぱい入っていたそうです。

日本軍は、沖縄ではもともと、航空決戦を想定していました。近づいてくる米軍の艦艇に特攻攻撃を行うために、特攻機をたくさん用意していたんです。ところが、そうして飛行場に並べていた飛行機が、アメリカ軍の空襲で全部やられてしまい、特攻はできなくなった。そこで特攻のために残った要員たちは、斬り込みに行くわけです。夕闇に乗じて手榴弾とライフル銃を持って、銃剣をつけて突撃する。生還率はゼロですし、またこんな方法ではアメリカ人をただの一人も殺せません。全く無駄な攻撃でした。

私の母親は、出撃していく若い将校や兵士たちから手紙や写真をことづかるんです。あなたは生き残るかもしれないから、日本に戻ったときに母さんに渡してくれ、妹に渡してくれ、と。あるいは、アメリカ軍は絶対に女、子供は殺さないから捕虜になれ、生き残れ、こんな戦争で負けたぐらいで日本は滅びないぞという人もいたそうです。逆に、日本兵が沖縄の人たちを壕から追い出したため、お母さんが弾に当たって死んでその横で子供がわんわんと泣いているという光景も見たそうです。

先ほど言ったように、母親が摩文仁で捕まったとき、持っていた手紙や写真は米軍によって全部取られてしまうんですが、ポケットの奥底にたった一つだけ太鼓の形をしたお守りが残っていたんです。田口輝男さんという少尉のもので、これは、前田高地という激戦の地で突撃していったその人から預かったものでした。

その人の名前を覚えていたので、戦後、私の父が捜し当てるんです。田口さんのお母さんは再婚していて健在でした。私の母は、田口少尉のお母さんに太鼓のお守りを返しました。ところが、それからしばらくたって田口少尉のお母さんから手紙が来て、そのお守りを返してきたんです。あの戦争の中、このお守りはあなたとずっと一緒だったわけだから、あなたのもとにあったほうがいい、と。結局、母が戦争に従事したという物証はそれだけなんです。母親は死の二年ぐらい前まで戦争の話はあまりしませんでした。

父親の最期と葬儀

母親は、聖書はよく読んでいましたが、だれにもキリスト教徒になれと勧誘するということはありませんでした。私も勧められたことはありません。宗教について私は母親から教わったことはなかったけれども、結局、感化されたということだと思うんです。布教によって受け入れるのではなく、その宗教を信仰している人の姿を見てそれが伝染していくというのが、宗教の伝達の本来のあり方なのではないか、と今になると思います。

ところが、母は一回だけ例外的にキリスト教の洗礼を受けるようにと他人に促したことがあるんです。それは父親が死ぬとき、父親に対してです。

当時、私は外務省にいたんですが、電話がかかってきました。「お父さんが末期がんで、残された時間があまりない。精神的にかなりしっかりしていると思ってお医者さんが告知したのだけれども、マイナスだった」と。完全にパニック状態になっているというのです。「多分治ることはないでしょう」と言われて、本人が「状況を教えてほしい」と言ったので、主治医は二〇〇〇年の一一月の頭に、「お正月を越すことはできるけれども、来年のお誕生日（二月二四日）までは難しいでしょう」と告知したんです。そうしたら、父親はそれまでこらえていた痛みに急に耐えられなくなった。それで、モルヒネの量を増やしていきました。当然、意識はもうろうとするのですが、少し意識が戻っているときに、母親の弁によると、キリスト教の話を聞きたいと言ったそうです。それで、「お父さんは洗礼を受けたいと思っているから、おまえからキリスト教の説明をしてやってくれ」と言われました。その後、ほかの牧師にも頼んでくれというので、知り合いの牧師にも頼んだんです。

ちなみに、キリスト教の洗礼というのは、按手礼《あんしゅれい》を受けている人、すなわち牧師にしかできない儀式なんです。その按手礼というのは、教会の重要な職務に就かせるときに祈りとともに頭に手を置いて霊的な力が与えられるようにして、イエス・キリストにつながる儀式です。その儀式を終えた者、教会教職者、牧師でも神父でもいいのですが、特別の資格を持つ人間しか洗礼を授けさせてはいけないことになっています。もう命があまり残っていないという非常事態にかぎっては、キリスト教の信者であれば、だれでも水道から水をくんできて、洗礼を授けるのは構わないことになっていますが。

母親は何としても父親に洗礼を受けさせようと思ったわけです。それで、私は父と話したんです。そうしたら父にこう言われました。「実は、母さんとつき合い始めたころから自分もキリスト教徒になりたいと思ってあれこれ教会を回った。プロテスタントの教会にも行ったし、カトリックの教会にも行ったし、（正教の）ニコライ堂にも行った。しかし、どうしても自分には違うような感じがした」と。「今、優から話を聞いても、キリスト教というのは浄土真宗みたいなもので、絶対他力におすがりして、それで救われるという話だ」というのです。実は、私の父の祖母は福島県三春の臨済宗妙心寺派の寺の娘でした。その関係で、子供のころから父は三春に行くとよく禅寺で坐禅を組んでいたそうです。そして技師になった。やはり自分にとって救いというのは自力本願で行くべきだという思いがあって、他力本願とは考え方が違う。「だから、お母さんには申しわけないけれども、どうしても洗礼を受ける気にはならない」と言うわけです。父親なりに自分の宗教性に対して、そこのところは頑固に守った。それで、母親にそのことを伝えました。そしたら母親は寂しそうな顔をして「ああ、そうなの」と答えました。

そして、父が死んでから遺書が出てきました。その遺書は直前ではなく二年前に書かれたものでした。その二年前の一九九八年に膀胱がんの大きな手術を受けた時、もしかすると生命の危険があるかもしれないと医者から告げられていました。私は全然知らなかったのですが、その時に父親は遺書を書いていたんです。茶封筒に入ったメモ書きでした。「葬儀は不要」と書いてありました。「ただし、どうしてもやらないといけないということならば、葬儀屋に既にお金は払い込んであるので、領収書があるから、この葬儀屋さんに連絡して、これでやれる範囲内で、厳に密葬とすること。宗派は問わない。お母さんと相談して決めなさい」と書かれていました。

それから母には、「沖縄の友達との関係を大切にして、残りの人生を楽しんでくれ」と。私には、「どんなに忙しくても一カ月に一回はお母さんに電話をしてやってくれ」と。遺書の中に残されていたのはそれだけでした。

母は、葬儀屋さんに振り込んだその領収書とその遺書を見て、もう大喜びでした。それでこう言うんですよ。「お父さんは死ぬ間際に、キリスト教の信仰を受け入れると目で明らかに言っていた。だから葬式はキリスト教式にしたい」と。私としては、父親がどう考えたかわからない。ただ、父の遺言には宗派に関してはお母さんにゆだねると書いてありましたから、母がそう言い張る以上、これでいいのだろうと。しかし、教会の場合、そういういいかげんな状態だと葬式はやってくれないんです。そこで、やってくれそうな同志社出身の牧師に頼んで、葬儀屋さんの会館でキリスト教式の葬式をする、という非常に珍しい形態の葬儀を行ったんです。

玄侑宗久さんとの対話

『文學界』という文藝春秋発行の雑誌があります。その二〇一二年三月号で、私は作家の玄侑宗久さんと対談をしています。「福島と沖縄から『日本』を読む」というタイトルになっていますが、そこで玄侑さんにこう言われたんです。「あなたのお父さんは、おばあさんが三春の臨済宗妙心寺派のお寺の住職の子だとおっしゃっていたんでしょう、三春の臨済宗妙心寺派のお寺というのはうちも入れて二つしかない。もう一つのお寺も、明治時代からうちが面倒見ているから。もしかしたらどこかで血がつながって、親戚かもしれないですね」と。ですから、今度、玄侑さんに会うまでに戸籍をきちんと調べて、血のつながりがあるのかどうか調べたいなと思っているんです。

私は僧職にある方といろいろな問題について話をするのは二回目でした。一回目は、奈良の興福寺の多川俊映先生との対話です。このときは、主として心理学の話、それから唯識《ゆい しき》(一切の現象を心によって誤って分別されたものとして説明する仏教学説)の話でした。法相宗《ほっそうしゅう》ですから『倶舎《くしゃ》』(世親《せしん》の著作、仏教の基礎的教学書)と唯識に関しては専門家です。しかも、多川先生の場合、立命館大学の心理学を専攻されて、特にソビエト心理学を専門にされていますから、心理学について、論理的な話を中心にいろんな議論をし、そんなに強い違和感というか、思考の様式が違うなということは感じませんでした。

それに対して玄侑先生と話したときは、全く異質な思考を感じました。これは議論がかみ合わないという意味ではありません。議論はかみ合うのですが、玄侑さんはスイッチがしょっちゅう切りかわるんです。同時にいろいろなことを考えているから、ある瞬間にぱっと別のスイッチが入って、また別のスイッチが入ってというように、同じものを同時に様々な角度から見ている。もしかするとこの思考のあり方と臨済宗の間には何か関係があるのではと少し思い始めています。

最初の鋳型からは離れられない

キリスト教というのは、卑下して言うわけではありませんが、客観的に見て、実におかしく、かついいかげんな宗教だと思うんです。ただ、人間自体がいいかげんなものですから、いいかげんなキリスト教がずっと生き長らえているわけです。

私は神学を学んでいます。もしこの神学に触れなければ外交官になることもなかったと思います。そして、作家になってからも、実は宗教のことを正面から扱って書いているものはあまりないのですが、国際情勢を見るとき、神学的な見方は非常に役に立つんです。

私にとって神学的な思考法というのは、鋳型として完全にしみ込んでしまっているものです。結論から言うと、人生で最初に触れる宗教の世界観――あるいはそれが非宗教的な思想であっても――の鋳型から人は一生離れることができないのではないかと思っています。お寺で生まれて、その環境の中で育った人は、仮に後にキリスト教の方に行っても、あるいは哲学者になって無神論の方向に行っても、仏教の場合、無神論とは親和的ですが、そうした宗教を否定する方向に行っても、根っこでの物の考え方や人間観や救済観は絶対に元の世界観から離れることはできないのではということです。その意味においては、やはりずっと業（カルマ）というものが流れていて、阿頼耶識《あらやしき》（眼識・耳識・鼻識・舌識・身識・意識・末那識・阿頼耶識の八つの識のうち第八番目で、人間存在の根本にあるとされる識）というのは確実にあると思うのですね。

一〇〇〇年以上かかっても結論の出ない神学論争

こういう意味において神学的な思考の特徴とは何かということをお話しします。

一つ目の特徴として、通常の学問では、論理、整合性が高い方、理屈が通っている方が論争に勝つんですが、神学論争では常に論理的に弱い方、無茶なことを言う方が勝ちます。その勝ち方というのは狡猾で、軍隊が介入して弾圧を加えるとか、政治的圧力を加えるという形で問題を解決するんです。つまり、神学は非常に強く政治と結びついています。

二つ目の特徴は、神学的思考は積み重ね方式ではないということです。実は、神学的な論争というのは全く進歩がない。そもそも論理的に正しい方が負ける傾向が強いという、でたらめな傾向があるわけですから。しかし、それでちょうどいいわけです。勝った方は、ちょっと後ろめたいことをして勝ったと思っていて、負けた方は、政治的に負けただけで、われわれの方が正しい、筋は通っていると思っていますから、両方合わせると大体バランスがとれる。

そういう論争をしていますから、論争がだんだん瑣末《さまつ》な方向に入っていく。そして最後には暴力的な形で論争に決着がつけられる。だからそのうち何について議論されていたのか忘れられてしまう。そして、二〇〇年か三〇〇年たつと、また同じ議論が蒸し返される。そしてまた、その蒸し返された議論は、いつの間にかなくなってしまう。だから、何の問題も解決されないままなのです。

例えば「父、子、聖霊という神がいる」。しかし、キリスト教では「神は一つだ」と言う。三で一だというのはよくわからない論理ですね。しかし、わからないから神秘だというんです。一七〇〇年ぐらい論争しているのですが、まだ結論が出ていません。今後も多分、結論は出ないと思います。

さらに、「イエス・キリストというのは、人間なのか神様なのか」ということに関しても、「まことの神で、まことの人」というテーゼがあり、これも一六〇〇年ほど論争していますが、まだ結論が出ていません。これも多分、今後も結論は出ないと思います。

ちなみに、この結論が出ない三一論（三位一体論）と、同じく結論が出ない、「イエス・キリストは神なのか人間なのか」というキリスト論の両方にかかわる問題として、「なぜ神が人となったのか」という受肉論という分野があります。これが私の専門なんです。受肉に関する神学論争も、一五〇〇年ぐらい続いていて、かなり精緻な議論が展開されていますけれども、私が残りの人生の全部を費やしても結論が出ないことだけははっきりしています。そういう意味のないことに挑んでいくことに意味を認めるというのが、キリスト教神学の特徴なんです。

卒業に一六年もかかる中世の神学部

もう少し言いますと、ヨーロッパの大学を見てください。英語でいうところの university、ドイツ語でいえば Universität。こうした総合大学には一つの約束があります。神学部がなければならないということです。哲学部や工学部や理学部や医学部や法学部や経済学部など、いくら学部があっても、神学部がない大学は総合大学と名乗ることができない。

たとえば同志社の神学部でしたら、学部は四年、大学院の前期課程が二年、後期課程が三年で、全体で九年間の課程です。

中世の神学部はどうだったでしょうか。大体大学に入学するのは、十二歳から十六歳ぐらいまで。一般教養、自由学芸を一一年かけて学びます。自由学芸とは哲学です。さらにその後、中世においては医学部、法学部、神学部しかありませんから、どれかを選択して学びます。医学部だったら大体五年ぐらい。法学部でも七年ぐらい。それに対し神学部は大体一六年かかります。ですから二七年ぐらい勉強をして、ようやくヒヨコになるという考え方です。

そう考えますと、私が神学という学問に触れたのは十九歳のときですから、そろそろ三三年になるわけです。中世の基準でいくと、やっとヒヨコになってよちよち歩き始めたというぐらいの年代です。中世の神学部では、本は一冊しか貸してくれませんから、本の内容を完全に暗唱してからようやく次の本を貸してもらえる。要するに、必要な本を全部暗唱するには一六年はかかるというわけです。こんな勉強の仕方ですから、ある研究によりますと卒業率は五％ぐらいだったそうです。九五％は退学をすることになる。中世はこんな学問をしていたんです。

かつて東ドイツ（ドイツ民主共和国）という国があり、この国のライプツィヒという街に、ライプツィヒ大学というのがありました。ベルリン大学よりも古い大学です。共産主義体制下ですから、名前をライプツィヒ大学からカール・マルクス大学に変えます。ところが、そのカール・マルクス大学にもプロテスタント神学部があったんです。ですから、「宗教はアヘンなり」と言ったマルクスの名前を冠しているカール・マルクス大学にプロテスタント神学部があるという、訳がわからない状態になったんです。しかし、あの東ドイツですら神学部を大学から除外してしまうと知の体系が壊れてしまうということだったわけです。

「日本的なキリスト教」ではなく「日本キリスト教」

日本でも、やはりこういったすり込みは、仏教にあると思うんです。文藝春秋が学術文庫を出すという計画があります（二〇一三年一〇月、「文春学藝ライブラリー」として創刊）。その中にぜひ入れたいと思っている本があります。同志社大学神学部の魚木忠一（一八九二―一九五四）という先生が書いた『日本基督教の精神的伝統』（基督教思想叢書刊行会、一九四一年）という本です。

魚木先生は、純粋なキリスト教など存在しないと言っています。キリスト教というのは、それぞれの地域の文化に触発されて類型をつくってきたというのです。最初にパレスチナにあったキリスト教はユダヤ類型、その次にパウロによって広がったキリスト教はギリシャ類型、そして、カトリックになってラテン類型、その後、宗教改革によって、ゲルマン類型であるとか、アングロサクソン類型であるとか、あるいはロシア類型、スラヴ類型というものが生まれてくる。

そして、十九世紀以降に出てきたものとして、日本類型というのがある。これはアジアの代表としての日本という意味で、「日本的なキリスト教」ではだめだと言っています。「的」を取って「日本キリスト教」にしないといけない、日本の精神的伝統の中になければならないというわけです。では、日本の精神的伝統の根本は何かと言えば、日本に受容され、土着化した仏教です。

魚木先生は、仏教の本質は救済宗教だと言います。苦の中から人間を救う救済宗教だ、と。日本のキリスト教徒は、この仏教の精神的伝統の中でキリスト教を受け入れているからこそ、救済に対する感覚が強いわけです。さらに、秩序に関しては、儒教の影響があり、自然観においては、神道の影響がある。仏教、儒教、神道との相互触発の中でしか日本のキリスト教は理解できないということです。魚木先生は、キリスト教の使命というのは、日本で土着化することだという神学的な体系を構築しようとした人なんです。

同志社の神学部で学んだ仏教学

戦後、「大東亜共栄圏の神学でもつくろうとしたのではないか」ということで、だれも触れなくなってしまったのですが、同志社の神学部では、密教のごとく、この魚木先生の日本キリスト教の考え方が教えられてきました。

ですから、同志社の神学部は、一年生から三年生まで仏教の授業があるんです。一年生のときは、世親（ヴァスバンドゥ、四―五世紀頃の北西インドの僧）の『阿毘達磨《あびだつま》倶舎論』（アビダルマ哲学、仏教の教説の解釈・注釈書）を学ぶんです。二年生のときはナーガールジュナ（竜樹《りゅうじゅ》、一五〇―二五〇年頃の南インドのバラモン出身の僧）の中観《ちゅうがん》（現実を有と無の二辺に偏らず、正しく観察すること）を学ぶ。三年生になると唯識の勉強をします。インド仏教の基本的な考え方を押さえておかないと、将来の神学者としての基礎ができないということで、こういうカリキュラムが組まれたわけです。

当時、私にその仏教学の手ほどきをしてくださったのは、四天王寺女子大学、その後、四天王寺国際仏教大学になって、今は、四天王寺大学という名前になっていると思いますが、そこの工藤成樹先生というインド仏教の唯識の先生だったんです。私には、神学の授業よりも、この仏教学の授業のほうがおもしろかった。

それであるとき先生に、「もう少しきちんと仏教学の勉強をしたいので、サンスクリット語を勉強したい」と言ったら、工藤先生はこう言われました。「あなた、お金と時間がありますか」って。「えっ、先生、どういうことですか」と聞くと、「まずサンスクリット語はお金がかかります。辞書と教科書が必要で、辞書は英語、日本語、ドイツ語とフランス語のものも買ったほうがいいでしょう。全部そろえると三〇万円ぐらいかかりますね」と言われたんです。それから、「時間はどれぐらいかかりますか」と聞くと、「あなたは、ラテン語、ギリシャ語を勉強しましたか」「はい、大学で基本的な文法書は終えました」「どれぐらいの時間がかかりましたか」「二年ぐらいかかりました」「どれくらい勉強しましたか」「講義は週一回でしたけれども、一週間に四日間はラテン語の勉強を三時間ぐらいしました」「そのペースですと、サンスクリット語だったら三年から四年かかりますね。中途半端にやっても意味がありません」と言われました。

私は今でも工藤先生に感謝しています。外務省に入ってから思ったんですが、語学というのは、非常に時間とお金がかかるものなんで、中途半端にサンスクリット語をやっていたら、私は時間をずいぶん無駄にして、結局、物にならないで損をしてしまったと思うんです。ただ、あのころ神学部で勉強した科目は、その後の人生にいろいろと役に立ったと思っています。

「一神教は不寛容で多神教は寛容」は本当か？

ここで重要なのは、キリスト教と仏教を足して二で割ったり三で割ったりするようなシンクレティズム（宗教混淆）、水増しの変なカクテルをつくることではなく、むしろそれぞれの足場を徹底的に掘り下げていくことから、私は宗教的な対話が可能になると思うんです。それで、あまり人の批判はしないことにしているんですが、時々気になることがあります。いわゆるキリスト教と仏教の両方に精通していると称する文化人の発想から出てくる単純化です。

たとえば、梅原猛さんの話です。玄侑宗久さんと梅原猛さんの対談集（『多生《たしょう》の縁』文春文庫、二〇〇七年）の中で、梅原さんがこんな話をしています。

「私はね、九・一一のテロをきっかけに、仏教徒としての決意が強まったんです。あれはキリスト教とイスラム教の一神教同士の戦いで、あれを乗り越えるには、もう一回仏教の多神論的な価値を見直さなければならないと思います。一神教は砂漠の産物で、多神論は森の産物でしょう。砂漠のように何もないところだと、一なる神、天なる神の存在が論理的になりたつだろうけれど、森の中にはいろいろな動植物が共存しているから、神はたくさんいると感じられる」

これは居酒屋での一杯やりながらの議論だったらいいのかもしれませんが、現実の国際政治や我々が直面している危機を考える上では、極めて危険な発想です。

これは、サミュエル・ハンチントンの『文明の衝突』というようなインチキな言説が流通していることとも関係していると思います。一神教でも過激なものもあるし、そうでなく他の宗教との関係において寛容なものもある。本来、一神教というのは寛容なんです。それは、無関心に基づく寛容です。神様と自分との関係において自分だけが救われればいいと考えているわけですから。他人が何を信じているかということには関心が向かないんです。

たとえば、皆さんの中にムスリム（イスラーム教徒）の友達がいるとします。約束をしていた時間に遅刻してくる。相手は何と言うでしょうか。「ごめんなさい」とは言いませんね。「アッラーを恨むな」と言います。「私がここに遅れてきたのは、アッラーが遅れるようにしたからだ」と。

アッラーと自分の関係なんです。ですから、ラマダーンで断食をしますが、実はラマダーンの時は、むしろ食べ物の量が倍ぐらいに増えます。昼間は大体寝ていて、日が沈んでから猛烈に食べます。このラマダーンを守れないで食べている人に、「あなた、それでいいのか」などとだれも言わないし、言ったら反対に激怒されます。「アッラーと自分との関係においてアッラーがそうしろと言うからおれは食べている。おまえにとやかく言われる筋合いじゃない」というわけです。

エルサレムに行ってみます。エルサレムの街には、ユダヤ教、イスラーム教、キリスト教があります。そしてそのキリスト教には、まずカルケドン派の主流派のキリスト教があり、その中に、さらに正教とカトリックとプロテスタントのそれぞれの教会があり、またそれとは別に非カルケドン派のコプト教会もあれば、シリアのヤコブ派の教会もあり、あるいはアルメニアの教会もある。

それぞれのクオーター（地区）に住んでいますが、ここで宗教的な紛争が起きたのは、一九四八年のイスラエル独立以降です。それまではみんな併存していたんです。この一神教の人たちは、自分と神様との関係にしか関心がないからです。

一方、仏教が多神教で寛容な宗教だというのなら、スリランカの内戦はどう見たらいいのか。双方とも多神教のヒンドゥー教徒と仏教徒ではないですか。あるいはタイの暴動は、これも仏教徒が行っていることです。特定の宗教が寛容であるとか、特定の宗教が強権的であるというレッテルを貼ることは、実証的に見ればすぐに否定される意味のないことです。しかし、そういうことが流通してしまうんですね。重要なのは、相互理解の前提として、相手の側の内在的な論理をつかむことだと思います。

「西欧」を形づくっているもの

私たちは今、大変な危機に直面しています。そもそも危機という概念は西欧的なもの、ヨーロッパ的なもの、ユダヤ・キリスト教的なものです。

ちなみに、ラテン語で「コルプス・クリスチアヌム」という概念があります。「キリストの体」、あるいは「キリスト教共同体」などと訳すんですが、西ヨーロッパをつくっている根本原理です。ユダヤ・キリスト教の一神教の原理、ギリシャ古典哲学の原理、ローマ法の原理、この三つのものが合わさって一つの文化をつくっていて、この体系は中世に確立しました。これは近代になって世俗化していますけれども、いまだ続いている。つまり、EUやNATOというのは、基本的には、この三つの価値観によって結びつけられている有機体なんです。

ちなみに、ロシアとかギリシャ——EUの中でもギリシャというのは、トラブルメーカーになっていますね——という存在も、コルプス・クリスチアヌムという概念をもってくるとよく見えてくるんです。

ギリシャ、ロシアは、東ローマ帝国、ビザンティン帝国の末裔であります。ここには、ユダヤ・キリスト教の一神教の伝統があります。ギリシャ古典哲学の伝統もあります。ギリシャ古典哲学の影響は、むしろ西ローマ帝国よりも強いぐらいです。ところが、三番目のローマ法の伝統が希薄です。

私たちは「合意したことは守る」というのは当たり前のように思っていますね。しかし、これはローマ法の約束事です。そしてこのローマ法というのは、単なる法律であるというよりも宗教なんです。

ギリシャの古典劇を見ると「確かに口では誓ったが、心は誓いにとらわれておらぬ」といった台詞が出てきます。約束をしても、人情を重視するというのは、われわれ日本人の感覚においても、そんなに異常なことではないわけです。

教会を批判して火あぶりにされたヤン・フス

ちなみに、ヤン・フス（一三七〇年頃—一四一五）という十五世紀の宗教改革者がボヘミアにいました。当時は、ローマ教皇（ローマ法王）が三人もいたんです。その中で一番力を持っているのが、ヨハネス二十三世という人でした。これは二十世紀に出てきた、あのエキュメニカル運動（諸宗派・諸宗教間の対話をめざす運動）とか仏教との対話を一生懸命やったヨハネス二十三世というローマ教皇とは別人です。ナポリの貧窮貴族の生まれで海賊出身と伝えられるヨハネス二十三世という人がいたんです。後にヨハネス二十三世という称号は取り消されていますから、二十世紀になってまたよみがえってきているんです。

当時は、アヴィニョンとローマの二つの教皇庁がありました。それを統一しようとしたところ、会議が紛糾して、三人目の教皇が生まれた。それで、教皇鼎立《ていりつ》という時代となりました。これに対して、神の代理人が三人いて、しかもみんな蓄財をし、前の生業《なりわい》が海賊などというのはおかしいとフスが言い始めたわけです。

今（二〇一二年二月）、私は、フスの『教会論』という、近代人とは全然違う発想で書かれた本に関する解説を角川書店から出ている『本の旅人』という冊子に三〇回ぐらい連載（「宗教改革の物語――コンスタンツの炎」二〇〇九年四月号―一一年九月号終了）していて、これをベースとして単行本をつくっています（二〇一四年三月に上梓）。

フスは聖書を全部暗唱していますから、聖書の一部を引用してこう言うんです。

「毒麦と良い麦というのがこの世の中にある。しかし、毒麦と良い麦というのは、実がなるまでわからない。しかも根っこが絡みついているから、毒麦を抜いてしまうと良い麦まで抜けてしまう。そこで、実がなるのを待ってから仕分けをして、毒麦のほうは火の中にくべればよい。目に見える教会にいるから救われるというわけではない。この中には毒麦がたくさん混ざっている」

ローマ教皇も毒麦の譬《たと》えと一緒だとフスは言い始めたわけです。

さらに、当時の教会史を調べると、伝説の域ではあるが女性のローマ教皇がいたりするわけです。イギリス出身のアグネス（ヨハンナ）という教皇は、男装癖があり、たくさんの恋人がいた。そして教皇になったときに既に妊娠していて、ローマに行く途中で子供を産んで、産後の調子が悪くて母子ともに死んでしまった。九世紀にはこういう教皇がいたとフスの時代には信じられていたのです。それほど性的に乱れていて、いわゆるポルノクラシー（娼婦政治）といわれることが行われていた。十六世紀まで、シエナ大聖堂の中には女教皇の像もあった。フスは、こういうことを明らかにする中で教会との対決姿勢を示したわけです。

そこで、教会はコンスタンツというところで教会会議を開きます。フスに対して「あなたの考え方をぜひ聞きたい」というわけです。フスは危ないと思うんです。捕まって火あぶりになるのではないかと。すると海賊だったヨハネス二十三世は、安導券を出すと言うのです。安導券というのは、今でもありますが、敵国の陣営の中に入っていく病院船とか支援物資を送る船に与えられるものです。これを持っている船は絶対に攻撃してはいけないという約束事があります。

そこでフスは出かけて行くわけです。そうしたら捕まってしまいます。要するに、教会側の理屈はこうです。確かに捕まえないと約束はした。しかし、約束を守るとは約束しなかったというのです。

そして、「間違いを認めろ。そうしたらまず首吊りにしてから火あぶりにしてやる。認めなければ、生きたまま火にくべてやる」と。フスは「私が間違えているというのなら、聖書のどの部分に照らして間違いがあるか提示すべきである。そうすれば自分の間違いを認める」と言って抵抗するのですが、教会はそれができないまま、結局、フスはとろ火で焼かれてしまうわけです。この事件が中世ヨーロッパ崩壊の端緒になるわけです。

何を申し上げたいかというと、ローマ法の「合意は拘束する」という原則も、いざとなると適用されないんです。約束はしたが、「約束を守る」とは約束しなかったというメタ論理が出てくるわけです。

今日の日本の「危機」

日本の政治に引きつけてみましょう。日本の政治もある意味では国際基準に達しているというか、非常時の国際基準になっている。たとえば内閣不信任決議に及んで二〇一一年の六月二日に、鳩山由紀夫さんは「確かに菅さんはやめますと言いました」と発言して、菅直人さんもそれをだまって聞いていた。菅さんは否定しなかったから、圧倒的大多数の国民は、菅さんは六月中にもやめるという約束をしたと思ったわけです。ところがその後、菅さんは、いや、鳩山さんと交わした確認事項の文書にはそんなことは書いていない、要するに、約束をしたが「約束を守る」とは約束していないということになっているわけです。

しかし、鳩山由紀夫さん自身も、「私は総理をやめるとともに国会議員をやめる」って確か言いました。ところが、よく考えてみたらやっぱりやることにした、と。しかも鳩山由紀夫の「由」の字を「友愛」の「友」に変え、今後とも頑張りたいと言った。約束をしたが、守るとは約束していなかったという、こういう新しいルールを今日本の政治も導入しつつあるわけです（結局二〇一二年一二月の衆議院議員選挙に鳩山氏は立候補せずに政界から引退した）。

このように、今までにないような論理が出てきているのは実は危機と関係していて、今起きている政治の混乱やよくわからない現象というのは、宗教の領域にまで入り込まないとおそらく理解できない。そこで働いている内在的な論理はわからないわけです。その意味において、やはり日本の最も根っこまで入り込んで、日本人の潜在意識をつかんでいる仏教の専門家の皆さんは、実は日本の政治を突き動かしている内在的な論理が一番わかる人たちだと思います。

キリスト教が考える「危機」

むしろ、皆さんに教えていただきたいんですが、仏教の場合、危機というものをどうとらえるのか。キリスト教の場合は非常に簡単です。危機、「クライシス」というのはギリシャ語で「峠」、あるいは「分かれ道」という意味です。ですから、その峠を越えることができれば生き残ることができるのですが、峠から落ちてしまったらそれは終わりなんです。

ただし、この終わりはキリスト教の場合、悪い意味はありません。終わりのことをギリシャ語で「テロス」と言います。このテロスは、「終わり」であるとともに、「目的」、「完成」という意味を持ちます。時間には出発点があって終わりがある。直線に流れているわけです。これはユダヤ・キリスト教の伝統です。これに対しギリシャの時間は円環をなしています。危機という概念は、明らかにこの「終わり」ということと関係しています。

キリスト教の教祖であるイエス・キリストは、紀元三〇年ごろに復活した。復活というのは、実はそんなに異常な現象ではありません。なぜならば、近代より前の人たちの世界像というのは、日本でもヨーロッパでも中東でも同じで、哲学でいうところの素朴実在論の立場にたっているからです。すなわち、夢で見たこと、坐禅をしているときに体験したことと、現実に起こっていることとの間に差異がない。権利的に同格なんです。

もちろん、仏教の場合は、存在論が縁起観によって構成されていますから、関係性によって実体が見えてくる。しかし、その実体というものは、そもそも虚妄であるという考え方ですから、そこにはなんら違和感がないと思うんです。

キリスト教の場合は、夢で見たことと復活ということの間に差異はありません。基本的に同じです。あるいは白昼の幻を見る。当時サウロといってキリスト教徒を弾圧していた後の使徒パウロがダマスカスに行く途中で、光にうたれて幻を見る。これは実際に出会ったのと同じことなんです。

『源氏物語』でも、なぜ六条御息所《みやすどころ》の怨霊をみんなあんなに恐れるのか。それは、実際に六条御息所が出てくるのと同じことだからです。夢の中で見ることと現実とは同格なのです。

この二つが分かれたのは近代に入ってからです。近代に入って分離したのですが、十九世紀の終わりから二十世紀になると、フロイト派、ユング派の心理学が生まれて、再び夢の権利を回復しようとしているわけです。

いずれにせよ、終わりのときというのは歴史の終焉であり、人類の目的であると同時に完成であると考えるのがユダヤ・キリスト教の世界観です。実は、このユダヤ・キリスト教的な考え方に非常に近いのがイスラームの中にもあります。シーア派の中の十二イマーム派で、今のイランの国教となっているグループです。

イランをめぐる危機と日本

イランの大統領にアフマディネジャドという人がいました（二〇一三年八月退任）。この人は二〇〇五年にイスラエルを地図上から抹消するという公約を出しました。そして、その公約を実現するために着実に準備を進めたのです。二〇〇六年にテヘランでホロコーストに関する国際会議が開かれました。第二次世界大戦中のユダヤ人虐殺は、あったかもしれないし、なかったかもしれない。しかしガス室はなかったというプレゼンテーションがたくさんなされました。アフマディネジャドはそこで、ガス室でユダヤ人虐殺があろうがなかろうが、イスラエルがこの世から消滅することは歴史の必然であり、全世界の人民は歓迎するであろうという演説を行っています。

演説だけではありません。実際に核開発を行っています。核開発と同時に、イランは核爆弾を搭載できるミサイルを持っているんです。シャハブ3というミサイルです。このシャハブ3は、北朝鮮のノドン2ミサイルのコピーを改良したものです。

今だからお話しできる話なんですが、鈴木宗男さんが首相官邸にいるときでした。あるとき鈴木内閣官房副長官（一九九八年七月—九九年一〇月）のところに行ったら、こんな長い図面を出してきて、「佐藤さん、ノドン・ミサイルの構造図だ。某国の情報機関からもらった。これがイランに渡っている」というんです。確実な情報です。その後いろい

Q イラン革命

一九六三年以来、イラン国王のパーレビは、アメリカとイスラエルの支援のもと、近代化の「白色革命」を進めました。

しかし、これが石油収入による特権層の腐敗と国王の強権政治を生み、一九七八年一月九日のコム（シーア派の高等学院都市）での暴動をきっかけに、世俗的近代化政策に対する反政府運動が各地で頻発するようになります。九月以降、シーア派指導者ホメイニ師らの呼びかけにより、各地で反政府デモが続き、翌年一月一六日、パーレビは出国を余儀なくされ、二月一日には、亡命先のパリからホメイニ師が帰国しました。

これにより、「ウラマー（イスラーム法学者）の統治」と呼ばれる、宗教指導者による支配体制が樹立されました。

ろなところで確認されました。裏の世界ではそういった設計図を盗んでくる専門家は幾らでもいます。

それで、「『イランとの経済協力には気をつけたほうがいい』と言われた」というんです。イランでは、日本のODA（政府開発援助）や民間企業がアザデガン油田に出資している。そのお金でミサイルをつくったりはしないでしょうが、予算をそこで浮かせて、核とミサイルの開発に回している。特にミサイルに関しては、その改良した技術が北朝鮮に渡っている。北朝鮮のノドン・ミサイルの発射実験をしたときにイランの技術者たちがそこに立ち会っている。そうすると、日本国民の税金を使ってイランを支援し、その結果、北朝鮮のミサイルが強化される。これはやめたほうがいいと。確かにそのとおりなんです。

ですから鈴木さんがいるときは、イランのアザデガン油田開発を初めとするイランへの支援に対して日本は慎重に抑制していました。ところが、鈴木さんが失脚した後、当時の自民党は、石油利権構図の中でイランに大きなてこ入れをするわけです。ところが、結局、二〇〇九年にアザデガン油田から日本は撤収しました。投資された莫大な金は全部無駄になった。それどころか、イランは、日本から出資されたお金で浮いた国家予算を使ってミサイルや核開発を行っていたわけです。

核戦争を恐れない十二イマーム派

イランの十二イマーム派というのは、その四代目のイスラーム教指導者（イマーム）であるアリという人がムハンマドの娘婿になりますが、この宗教指導者の血筋を引く人が宗教と国家の両方を支配するべきだという独特のドクトリンに立っています。

スンニ派が主流派のイスラーム教に対してこのシーア派（「党派」という意味）の中の十二イマーム派というのは一番大きい派閥ですが、イラン以外では権力を握っていません。

この十二イマーム派のドクトリンでは、国家と宗教の指導者は、どこかでアリと血がつながっていないといけないことになっていて、

Q スンニ派とシーア派

イスラーム教には多数の宗派がありますが、大きくは、スンニ（スンナ）派とシーア派に分かれています。

預言者ムハンマドの打ち立てた慣行・規範を「スンナ」と言い、これに従うグループがスンニ派です。一方、ムハンマドのいとこで娘婿のアリーこそ後継者になるべきだと主張したグループが存在しました（「アリーの党派」）。これがシーア派です。

イスラム教徒全体では、スンニ派が圧倒的多数ですが、イランでは、シーア派が九割を占めます。

スンニ派は、ムハンマドやカリフ（後継指導者）を「人間」とみなすのに対し、シーア派は、指導者を絶対的な判断を下す「イマーム」と呼び、神格化しています。

一一人目のイマームが九世紀の末に亡くなったときに、一二人目のイマームがあらわれたけれども、すぐにお隠れになって、目に見えない状態になったという教義をもっています。これを「ガイバ」といいます。このガイバの状態が今も続いているんですが、さらに十二イマーム派の中でもアフマディネジャド前大統領のグループはハルマゲドンを認めています。つまり、危機が来て、この世の終わりになったときに、お隠れになったイマームがあらわれて、正しいイスラーム教徒、すなわち十二イマーム派の人たちを守るという教義なんです。

合理的に考えれば、イランが核兵器を持ったとしても、イスラエルはそれよりも圧倒的に多くの核兵器を持っているので、抑止力理論に従えば、イランは核を使えないはずです。ところが、イスラエルが核攻撃を行っても、お隠れになったイマームがあらわれて、イランを守る、ということを本当にイランの政治エリートが信じているとすると、やっかいなことになる可能性があるわけです。ここの見きわめが世界のインテリジェンス機関の中でもまだついていない。そうすると、インテリジェンスの人たちというのは常に危険なほうのシナリオを取ります。

もう一つは、イスラエルの首都エルサレムの問題です。エルサレムは、メッカ、メディナに続くイスラーム教の第三の聖地でもあります。「ミラージュ（昇天）」といって、ムハンマドが一日で天に上がってアッラーと会って戻ってきたという伝承のあるアクサ・モスクがあります。そこを核ミサイルで攻撃する可能性は、常識で考えるとあり得ない。しかし、お隠れイマームがあらわれて、アクサ・モスクを助けるという考え方だと、核攻撃はあり得るんです。ここのところの見きわめができないことが情勢を非常に困難にさせています。

世界を敵に回しても生き残ろうとするイスラエル

今、イランの暴走の危険性については、新聞でも論じられています。しかし、実はアメリカがそれ以上に心配しているのは、イスラエルが暴発する危険性なんです。

第二次世界大戦のナチズムによってユダヤ人が六〇〇万人殺された。そのときに世界のだれもユダヤ人を守ってはくれなかった。だから、イスラエル国家というのは、イスラエルという国を守るとともに、全世界のユダヤ人を守る使命をも持っている。つまり、ユダヤ人は国家との関係において、だれもが二重忠誠の問題を持つわけです。そこがイスラエル問題を非常に複雑にしています。

このイスラエルは核を保有しています。それと同時に、「全世界に同情されながら死に絶えるよりも、全世界を敵に回してでも戦い、生き残りを試みる」というのがイスラエルの国是です。もしイランが確実に核能力を持つということになれば、イスラエルは先制攻撃をするでしょう。

一方で、北朝鮮の核開発やミサイル開発は新聞でも報道されていますが、北朝鮮はもう一つ世界に冠たる地下壕の技術を持っています。リビアのカダフィ大佐がトリポリから逃げたときに、後に、地下壕の映像が出ていたのを覚えていますか。ゴルフのカートに乗って移動していたという、あの地下壕は北朝鮮製です。北朝鮮は、イラン、シリア、リビアなどに独裁者が居住できる地下の快適な住宅や、地下につくられた核開発工場の施設などを供与しているのです。これが大きな外貨収入になっています。現在の技術では、どんなに優秀なスパイ衛星であっても、地下にあるものの映像を撮ることはできません。

それから、イランの核開発施設は、浅いもので四〇メートル、深いものでは一〇〇メートル以上のところにつくられています。アメリカには、バンカーバスターという壕を爆撃する特別な爆弾があります。先端が尖っていて勢いをつけて撃つのですが、それでも一〇〇メートル以上の地下にある工場を破壊することはできません。それを破壊する能力があるのは戦術核兵器だけです。要するに、広島、長崎級の核兵器、これによってイスラエルは先制攻撃する可能性があるのです。それをアメリカは本当に心配しています。

ちなみに、イランは、核の濃縮工場の一部をコムという町に移しました。このコムという町は、十二イマーム派の聖地で、メッカよりも重要な意味を持つ巡礼地なんです。ホメイニさんもここの神学院で教えていました。もしこのコムを攻撃することになれば、これは文明間戦争、宗教戦争になります。イランとしては、そういうカードを切りながら、何としても核を開発したいと考えているわけです。

アメリカは、イスラエルが攻撃をする前に、アメリカによる本格的な空爆をイランに行うことを検討しています。『フォーリン・アフェアーズ』二〇一二年二月号にも次のような意見書が出ています。限定的な空爆を行うことで、核施設だけを破壊し、イランの体制には手をつけず、軍隊を攻撃しないとする。すると、イランは形だけ、核弾頭のついていないミサイルをイスラエル、あるいは中東のアメリカ軍基地に何発か撃ち込むだろうが、それに対して本格的な反撃をしなければ秩序を維持できる可能性が高い、と。

パキスタンの核のオーナーはサウジアラビア

もう一つ、情報の世界、インテリジェンスの世界の専門家の間では常識なんですが、一般の新聞にはほとんど出ていないことがあります。サウジアラビアとパキスタンの間の秘密協定の問題です。もちろん、サウジアラビアも、パキスタンも、そういう秘密協定があることは認めていません。その秘密協定というのは、イランが核兵器を持っていることが確認されたら、可及的速やかに、パキスタンの核爆弾のいくつかをサウジアラビアに移動するというものです。

パキスタンは貧しい国です。その貧しい国がなぜ核開発を行うことができたのか。これは、サウジアラビアが全面的に支援したからです。サウジアラビアは、パキスタンが持っている核のオーナーなんです。今のアメリカとパキスタンの関係、アメリカとサウジアラビアの関係を考えれば、アメリカはこの核爆弾の移転を実力で阻止することはできません。そうなると、オマーン、アラブ首長国連邦、カタール、こういった国が、パキスタンから核を買うでしょう。あるいはシリアが核を買う可能性もあります。しかしシリアのバッシャール・アル＝アサド政権は国内の治安をほとんど維持できていません。

宗教から読み解くシリア情勢

このバッシャール・アル＝アサド政権を理解するためには、宗教の知識が必要です。シリアでは、アラウィー派という、十二イマーム派でもなければ、スンニ派でもない、ほとんどシリアにしかいない少数のイスラーム教のグループが、大統領一族、軍の幹部を始め、権力を独占しているのです。

シリア情勢に関して、ロシアが調停案を出したり、結構、新聞で大きく報道されたりしています。

ちなみに、国際情勢について日本の新聞は、朝日新聞も産経新聞も読売新聞も京都新聞も記事の扱いが皆同じなんです。評価は多少違いますが、普天間問題や北方領土問題に関しても記事の扱いは同様です。

ところが、同じ朝日新聞東京本社の中に「ニューヨーク・タイムズ」の日本支局があります。この新聞の国際版、「インターナショナル・ニューヨーク・タイムズ」(旧「インターナショナル・ヘラルド・トリビューン」)は東京でも刷られています。この新聞を見ると、全然つくりが違う。ですから、私はこの新聞を毎朝一番に見るんです。そうすると、東京で刷られているものであっても、ニュースの扱い、比重が全然違います。日本の新聞記事で圧倒的に少ないのが中東に関する情報です。

「アラブの春」というものが起きたときに、シリアは、チュニジアやリビアやエジプトのような状態にはならない。もっと大変なことが起きるんです。

エジプトでも混乱が起きたけれども、そこにはムスリム同胞団というイスラーム原理主義系の組織があります。シリアにもかつてはムスリム同胞団があったのですが、ムスリム同胞団にいる人間を二万人皆殺しにしたんです。二〇〇〇万人余りのシリアの人口比で言えば、二万人はかなりの規模です。

要するに今、シリアには反体制的な団体は皆無なんです。ですから、シリアのアサド政権が崩壊すると、完全な権力の空白が生じて、そこからアナーキーな状態になるでしょう。そこに恐らくイランが影響力を伸ばしてくる。シリアの今の政権が核爆弾を持つことになったら、国内の反対派を弾圧するために核兵器を平気で使うでしょう。一回でも核爆弾が地域紛争で使われるようになると、今度は、それは世界のあちこちに波及するでしょう。

イラン発の核拡散の危険性

要するにイランの核開発をストップさせないと、広島、長崎以来、戦争で核兵器が使われかねないという状況が、近未来に起きる可能性があります。これには相当の蓋然《がいぜん》性があります。ですから、世界は今、イランの問題でこれほど深刻に神経を尖らせているのです。

今までイラン問題に関しては、アメリカがイスラエルとの関係を重視して強硬に出る一方で、ヨーロッパは距離を置くという形でした。しかし今回は、ヨーロッパも一緒になって制裁を行なっています。また日本の新聞ではなかなか伝わってこないんですが、唯一、例外的に、二〇一一年一二月三〇日付の産経新聞で、一一月一二日にイランのミサイル基地試験施設で事故があり、五人の北朝鮮技師が死亡したという記事が、情報筋からのリークという形で報道されました。これは中東某国の非常に深いところから出た情報だと思います。インテリジェンス・コミュニティの中では常識になっている情報が表に出てきたということです。何が起きているかというと、暗殺、破壊の秘密行動、秘密オペレーションが、イギリスを中心にしてイスラエル、アメリカ、フランス、ドイツの五カ国連合によって今行われているということです。

同じ年の一一月の中旬にテヘラン郊外の弾薬庫で事故がありました。実は弾薬庫ではなく、ミサイル基地試験設備でのことでした。これが一二月三〇日の産経新聞の記事につながるわけですが、北朝鮮の技師がそこにいたんです。これは明らかに西側の合同オペレーションによる破壊活動です。一一月の終わりには、イスファハンというところにあるウラン濃縮工場でも事故が起きました。これも明らかに西側が連合した破壊活動です。

日本でも新聞報道され、テレビでも報道されましたが、テヘランのイギリス大使館に暴徒が押し寄せて占拠されました。イギリスは怒ってロンドンのイラン外交官を全員国外追放にして、イランからイギリスの外交官を呼び戻しました。このニュースは、皆さん記憶にあると思います。イランで抗議デモが起きて大変なことになっている。警察がなぜ取り締まらないのかと言えば、イラン側は、わざとやっているからです。

ちなみに、テヘランのイギリス大使館の大きさってどれぐらいあると思われますか。同志社大学の今出川キャンパスより広いんです。ちなみに、隣にはロシア大使館があるのですが、これも同じぐらいの大きさです。ロシア大使館の中にはサッカー場まであります。なぜこんなに大きな大使館があるんでしょうか。十九世紀に「グレート・ゲーム」というのが行われていました。大英帝国とロシア帝国のユーラシア大陸における南下政策です。凍らない港を求めるロシアと覇権国家イギリスが、インド、アフガニスタンでかち合うことになります。もう一つロシアが狙ったのは、ペルシャ湾です。これで、ペルシャでロシアとイギリスがせめぎ合うわけです。その当時、大使館はいろんな工作をペルシャ帝国に対して行いました。だから、そんな広大な大使館がいまだにあるんです。

東西冷戦後初めて、イランをめぐり、西側という概念が再び意味を持つようになりました。西側が連合して、イランで殺人や破壊活動をやっているわけです。しかもこれは絶対に正しいことだと西側は信じています。核開発の阻止は至上命題だから、法律なんか無視しても構わないという発想です。

二〇一〇年の際にはもう少し違うやり方をしました。イランの核開発をする遠心分離機にコンピュータウイルスを忍び込ませてウランの濃縮ができないようにしたんです。イランも、ウイルスに関するチェックはきちんと行っていました。核開発施設であるとか、日本の新幹線や原発もそうですが、通常は、ウイルスが入らないようにスタンドアローンになっています。外部とつながっていないシステムになっているわけです。ところが、どうしてそういうところにウイルスが入るのか。イランの技師たちも、ヨーロッパなどに出張したりします。その際、ノート型パソコンを携行するわけですが、食事のときや観光に行くときはそれを部屋に置いて行きます。その五分か一〇分ぐらいの間にUSBメモリーを使ってデータを入れたりして、ウイルスを忍び込ませるのです。そのパソコンをスタンドアローン・システムとつなげてしまうと、そのときにウイルスが入ってしまうんです。

中国は、日本に対してこういう工作をたくさんやっています。ですから、外から来る標的型メールよりも、中国に出張に行ったときに、自分のコンピュータにウイルスを仕掛けられるほうがずっと危険なんです。

それができない場合でも次のような手があります。二〇一二年一月一一日の朝のことです。テヘランの大学の先生でウラン濃縮の専門家が、警護官を同乗させてテヘランの街をルノーに乗って走っていたんです。そうしたら、二人乗りのミニバイクがそばに来て、車のガラスにぺたっ、とシートを張って去っていきました。それから十数秒後に、遠隔操作でガラスが爆破される。これは非常に特殊な爆弾で、爆破の衝撃や割れた破片が外に向かわず、内側に向かうんです。車の中にいた二人は即死です。ところが車は火を噴かないので周りの人を巻き込むことはない。最新の殺人爆弾です。

イランでは、宗教最高指導者のハメネイ師が、「これは殉教である」と宣言し、アフマディネジャド大統領は、「アメリカとイスラエルによる暗殺だ」と批難しました。アメリカ政府はその日のうちに、「我々は暗殺などしていない」と否定しました。イスラエルは沈黙しましたが、一週間後に「イラン政府の発表は事実と異なる」と発表しました。私は、イギリスとイスラエルがやったと思っています。こういうことが現在進行形で今、イランで起きているわけなんです。

危機と宗教ということを考えますと、宗教的な感覚、合理的なものを超える、あるいは別の合理性で世界をとらえることができなければ、今のイランで起きていることはわかりません。

イランの話は、まず皆さんをびっくりさせるためにしました。この次に構造的には同じようなことが日本で起きているということをお話ししたいと思います。東日本大震災の話から、合理主義、生命至上主義、個人主義的な戦後のイデオロギーが限界に来ているということ。それから、その先で死の問題を考えてみます。文学者がこの問題によく気づいているのですが、これはもう一度宗教の側から扱わなければいけない。さらに、輪廻転生、そして最終的には、神学が危機というものをどう認識し、これにどう対処してきたか、という問題にも言及しなくてはなりません。

質疑応答

【質問者1】

一、ホルムズ海峡の封鎖ということが実際の戦争より以前に起こるということはありうるでしょうか。

二、ウクライナからイランに核技術が流れているという話を聞いたことがありますが、本当でしょうか。

一、ホルムズ海峡の封鎖に関しては、まずイランの内政状況を考える必要があります。明らかに今、イランには統一政府というものが存在しません。一番目の政府と言えるのは、ハメネイ最高指導者によって支配されている聖職者たちのグループです。実は、この聖職者たちは大変な利権を持っています。石油や、ピスタチオやキャビアといった商品の会社を経営しています。一番の金持ちは、元大統領のラフサンジャニさんの一族です。これに対抗しているのがアフマディネジャド前大統領でした。

二〇一二年一月の半ばに大統領の報道官が逮捕されて、禁固一年になりました。どういう罪かというと、最高指導者を記者会見で侮辱したという罪です。一方、大統領の方は、腐敗、汚職追及ということで、聖職者たちを逮捕したり、裁判にかけたりしています。大変な権力闘争が行われているわけです。

核開発はハメネイ最高指導者のもとで行われていますが、イスラーム革命防衛隊というものがあって、ここがミサイルや潜水艦を持っています。アフマディネジャドが率いる正規軍の方はそれほど強くない。このイスラーム革命防衛隊が、第三勢力として台頭してきています。ホルムズ海峡を封鎖すると言っているのは、すべてイスラーム革命防衛隊の幹部です。それに対して政府は否定的な主張をしているという状況です。

ホルムズ海峡の封鎖は、仮に実行した場合でも、今のアメリカ軍の能力をもってすれば、三日か四日で完全に解除できます。

ちなみに、もしホルムズ海峡が封鎖されたら、この解除には日本も参加すると私は見ています。その観点で注目しないといけないのは、海賊対策という形で、ソマリア沖に、海上自衛隊が出ていることです。海賊は電子兵器を持っていませんから、本来、イージス艦はいらないはずですが、ソマリア沖の海賊対策だと言いつつ、私はイージス艦を出すと思います。イージス艦の方が居住環境がいいという口実で。あるいは、もう少し情勢が緊張してくると、ソマリア沖の海賊対策という口実で掃海艇を出すと思います。

結局、日本がどういう側面で協力できるかというと、一つは掃海活動です。もう一つは、対潜水艦の探知です。これにはイージス艦が必要になります。ではなぜこの問題にコミットするのか。これに関わることによって、おそらくは今後、増産するリビアの石油、サウジの石油の優先的な割当を得られるからです。

もう少しイランの内情について言いますと、このアフマディネジャド前大統領のグループには、十二イマーム派の宗教的な要素だけでなく、ペルシャ帝国主義の要素もあります。ササン朝ペルシャだけでなく、アケメネス朝ペルシャ、古代のペルシャ帝国を回復するというようなことを言っているからです。だからこそシリアへの影響力を強化しようとしているわけです。

「アラブの春」と言えば、日本では何となくみんな一緒に見えますが、バーレーンでもアラブの春が起きました。しかし、バーレーンのアラブの春は収まりました。どうしてでしょうか。実は、バーレーンでは、アラブの春だといっても、イランからの聖職者が相当数入りこんで、軍服を着てあおっていたわけです。

それに対して、アルジャジーラとアルアラビーアという衛星放送が対抗しました。アルジャジーラはカタールの衛星放送で、アルアラビーアはアラブ首長国連邦の衛星放送ですが、資金はサウジアラビアが出しています。この二つが、「外国勢力の介入に警戒せよ」、「外国勢力に利用されてはならない」という宣伝を徹底的に行ったんです。ここで言うところの「外国勢力」とはイランのことです。だから収まったんです。

アラブの春を「フェイスブック革命」というのは間違っています。フェイスブックを読んでいる層は、いわゆる市民層で、識字率が高く、新聞をきちんと読める一握りの層なんです。フェイスブックだけでは大きな運動にはなりません。字を読むことができないような大衆が繰り出してくるには、アルジャジーラやアルアラビーアといった衛星放送が重要になってきます。しかし、エジプトやチュニジアやリビアのときと、バーレーンに対するアルジャジーラとアルアラビーアの対応は全く異なっています。その対応の違いが、それが実際に政権転覆に至るかどうかという結果の違いにつながってくると見ています。

二、ウクライナからの核技術の流出に関しては、IAEA（国際原子力機関）が二〇一一年一一月に発表した公式報告書の中で言及されています。ですから、イランにウクライナから核技術が流出したというのは間違いありません。ではなぜロシアから出なかったのか。あるいはロシア以外のキルギスやカザフスタンやタジキスタンも核技術は持っていますが、なぜそうしたところから出なかったのか。これには、日本も含む西側の大きな貢献があったわけです。

大量破壊兵器には、核、生物化学兵器、弾道ミサイルがあります。ちなみに、ミサイルは二種類あります。弾道ミサイルと巡航ミサイルです。

巡航ミサイルというのは、飛行機の延長線上で技術開発されたミサイルです。第二次世界大戦のときのドイツ軍のV1号もこれです。この巡航ミサイルのスピードは遅いのですが、精確にピンポイントで攻撃することができます。

一方、弾道ミサイルは一度大気圏を出ますから、遠くに飛ばすことができます。このとき、多少ずれても大きな影響を与えたいというのであれば、核弾頭をつけないと意味がありません。ですから、長距離弾道ミサイルをつくるということは、核攻撃を前提にしているということになります。

ソ連が崩壊する過程で、このミサイル技術のノウハウを持っている科学者たち、技術者たちがイランや北朝鮮に流出するのを防ぐために、モスクワに国際科学技術センターをつくって、みんなにお金を配りました。それから、民営化用の研究プロジェクトもたくさんつくりました。そうやって、ロシアから核技術が流出しないようにしたんです。これには、ロシアとカザフスタンとタジキスタンとキルギスが参加したので、こういった国からは深刻な流出がありませんでした。しかし、ウクライナはこれに参加しなかったんです。だからウクライナから流出が起きたんです。

実は、二〇一一年一二月の日中首脳会談晩餐会での楊潔篪《ヤン・チエチー》中国外相と齋藤勁《つよし》内閣官房副長官との会談を朝日新聞が掲載しました（同年一二月三一日付）。この会談で齋藤副長官の方から、北朝鮮の核不拡散に関する問題提起をしたところ、中国も核の拡散を非常に心配していると述べました。日本政府は、このモスクワの国際科学技術センターのようなものを北朝鮮の平壌《ピョンヤン》にもいずれつくる必要があると考えているわけです。その意味では、野田政権もそれなりに戦略的な目を持っていたわけです。ただ、広報が下手でしたね。ちゃんとやっていることについてきちんと説明しませんでした。

【質問者2】

一、イランとイスラエルの関係についておたずねします。イランから見て、イスラエルのユダヤ人がなぜ消滅しなければならないのでしょうか。イスラエルと隣りのパレスチナとの関係だったらよくわかるのですが。

二、イランと周辺との関係はどうなっているのでしょうか。ペルシャ帝国主義的な復活という話がありましたが、もしそういうことであれば、周りのアラブの国は黙っていないし、それ以外の大国はみなイランの敵になってしまうと思うのですが。

三、トルコやサウジアラビアはかなり世俗的だとも言われますが、イラン国内では、宗教的なものと世俗的なもののせめぎ合いはないんでしょうか。

まず三ですが、イランの世俗化について言えば、国民の大多数は、すでに世俗化しています。ちょうどダルビッシュのお父さんのようにです。彼のお父さんはイランのサッカー協会の幹部です。ですから、世俗的な人たちも多い。また、女性も、あの黒いチャドルの下には、最新の服を身につけています。家ではみんなパーティをやっています。

しかし、政治エリート層の利権構造の中では完全に原理主義者が権力を握っていて、もはや元大統領のハタミさんのような改革派勢力がいない状態です。すべてが過激なグループです。その中で色合いの違いがあるだけです。

二、イランがペルシャ帝国化していくということに対して、アラブ諸国は非常に警戒しています。だからこそ、サウジは核を持とうとしているわけです。

一、イスラエルとイランの関係というのはねじれています。たとえばイランの秘密警察は、もともとサバック（現在はサバマに改称）といいますが、イスラエルの秘密警察もシャバックというんです。要するに、イスラエルのコピーなんです。イスラエルの国家戦略というのは、アラブが敵です。そうすると、敵の敵は味方ということになり、トルコとペルシャは味方になります。ですから、一九七九年のイラン革命が起きるまでは長い間イランとイスラエルも友好関係にあったんです。

それで、最もインテリジェンス能力が高いイスラエルのモサドがサバックに仕込んだノウハウを利用する形でイスラーム革命防衛隊の基盤ができているわけです。

イランにとってなぜイスラエルを除去しないといけないのか。これは基本的には反植民地主義にもとづく考えです。イスラエルという国は、ヨーロッパ人がパレスチナに入植してつくった国家で、要するに、最後の植民地国家だ。その植民地を解放するのがイランの使命だというわけです。そうした反植民地主義という観点からイスラエルを地図上から抹消するという論理に立っています。

ちなみに、同様の論理に立っているのは、ハマスであり、シリアです。日本では、スンニ派とシーア派が対立しているから、イランがアルカイダを支援することはないと勘違いされています。これは間違いです。シーア派とスンニ派が対立するのは、イスラーム教の中で分節化が行われる場合です。対イスラエル、対キリスト教世界ということになると、シーア、スンニは団結します。

それで、現実を見てみますと、今、イランが支援しているのは、一つはレバノンのヒズボラです。この「神の党」という武装組織は十二イマーム派ですから、イランと一緒です。それとともに、イランは、シリアを経由してハマスを支援しています。ハマスは、スンニ派の原理主義組織ですから、宗教的には完全に対立しています。それでも全面支援しています。これは、反イスラエルという戦略の上においては、シーア、スンニの差異というのは無視できる程度に小さいということを意味します。そもそもイスラームの場合は、分節化がいろんな次元で変幻自在に行われているんです。

たとえば、今回はシーア派の話が中心でしたが、スンニ派についても話しますと、スンニ派というのは四つの法学派のいずれかに必ず属しています。

まず、ハナフィー法学派は、基本的にはトルコを中心とした地域で支配的です。シャーフィイー法学派は、インドネシアと、コーカサスのチェチェン、イングーシ、ダゲスタンです。それからマーリキ法学派は、エジプト、マグレブ（北西アフリカ）のチュニジア、モロッコです。

しかし、この三つは、政治との関係においては、とりあえず忘れても構いません。なぜかと言えば、伝統と折り合いをつけているからです。祖先崇拝をする、墓を尊重するというような形において、比較的世俗社会との折り合いがつくグループなんです。もちろん、こういったところからも、一種の過激な運動は出てきますが、これはスーフィズムという、特定のカリスマ的な聖人に従っていく運動で、いわゆるアルカイダ型の原理主義ではありません。

四つ目に、ハンバリという法学派があります。この法学派から、イスラーム原理主義やテロ運動の九割五分が出ています。

このハンバリ法学派の一つにワッハーブ派というのがあります。サウジアラビアの国教です。これはワッハーブという人がつくったグループで、サウジの王様と結びついて国教になったわけです。

このワッハーブ派は、コーランとハディース（ムハンマド伝承集）、この二つしか認めません。聖人崇拝を行わないし、墓参りもしない。アルカイダというのは、このワッハーブ派の中の武装グループです。ですから、アメリカが二〇一一年の掃討作戦で、ウサマ・ビン・ラディンの墓ができると、そこが聖地になる危険性があると言いましたが、ワッハーブ派の教義からしてあり得ません。ワッハーブ派は墓に何の価値も認めないからです。

ちなみに、ワッハーブ派の立場からすると、ムハンマドが啓示を受けたあの時代が最も理想的な時代だったということになります。だからこそ、ウサマ・ビン・ラディンは、いつもビデオを洞穴の前で撮っていたんです。ムハンマドの時代と結びつけているわけです。コーランに書いてあるとおりの行動をするべきだという原理主義です。

ちなみに、論理構成からみて、一番ワッハーブ派に近い、つまりハンバリ派に近いのは、キリスト教の場合カルバン派です。カルバンの禁欲的な考え方は、非常にワッハーブ派に近い。神の言葉だけを重視するという論理構成が非常に似ています。ただ、カルバン派が、世俗内禁欲で、資本主義形成に向かったのに対して、ワッハーブ派は別の流れをつくりました。

サウジアラビアでは、今でも女性は車を自由に運転することができません。参政権もありません。女性の政治的権利は全くないのです（その後、二〇一五年予定の地方自治体選挙に限って投票権と出馬権が認められた)。高等教育を受けるにも男性保護者の許可が必要となります。

イギリスのサッチャーさんがサウジアラビアを公式訪問し、ファハド国王と会談したことがありますが、そもそも女性がこんなことをするのは、ワッハーブ派の原理からするとおかしいはずなんです。

実は、イスラームのジェンダー論というのは、一人の人間の中に男の要素と女の要素があると考えます。そこで、イスラーム教の宗教評議会は、サッチャーさんの過去の行動をいろいろと分析して、見た目は女性であるけれども、明らかに男性であるという認定のもとで受け入れたのです。

あるいは、コーランにはお酒を飲んではいけないと書いてあります。しかし、それも、地上で飲んではいけないと解釈し、天国に行って飲むのは構わないと考えて、いつも酔っぱらったりすることもできるわけです。

おかしなことに、サウジアラビアの王族はウイスキーを飲んで酔っぱらっています。これも、コーランで禁止されているのは、ブドウからできたアルコール飲料で、ウイスキーはブドウを原料としてないから問題ないというのです。何かおかしくはないでしょうか。

他にもおかしなことがあります。イスラーム教の世界では、売買春は死刑にあたる罪です。しかも死刑方法が残酷です。石打ちの刑なんです。それも、大きい石だと一発で死んでしまいますから、野球の硬球ぐらいの大きさの石を集めてくる。そういう処刑用の石がありますす。それをみんなで投げるんです。そしてぼろぼろになって死んでしまう。

ところが、ロンドンのエスコートクラブなどに行くと、アラビア語表記があります。客はサウジアラビアの人が多いわけです。

あれは実は「結婚あっせん所」なんです。イスラーム教の場合は、結婚するときに必ず離婚の条件について契約しないといけません。だから、たとえば、しっかりしたところのお嬢さんをもらって離婚したくないときは、離婚の条件として相当高い慰謝料の契約をしておきます。

ロンドンにある「結婚あっせん所」は、イスラーム教の宗教人が経営しています。それで、写真を見せて、「はい、この娘は結婚時間二時間、慰謝料は三万円」と。これを「時間結婚」と言います。イスラーム教では四人まで結婚できますから、金持ちが三人と結婚して、四人目はあけておいて、時間結婚をやるわけです。ですから、六〇〇回結婚したとか、七〇〇回結婚したという人がたくさんいます。

ウサマ・ビン・ラディンやアルカイダは、「これはどう考えてもおかしい、サウジアラビアは腐敗している」と言っているわけです。「今の王族は酒を飲んで、性欲にとらわれている」と。サウジアラビアというのは、「サウード家のアラビア」という意味で、要するに、家産国家です。もともとはあの辺はハーシム家で、ムハンマドの奥さんたちの一族がメッカ、メディナにいたんですが、「おまえたちは弱くて異教徒から守ることができない」ということで追い出したのです。メッカとメディナを守るということが、サウジアラビアの一番の大きな存在理由なんです。

ちなみに、サウジアラビアは、二〇年ぐらい前まで国家予算とサウード家の家計の区別がついていませんでした。国家予算など立てていなかったわけです。今もきちんとした国会はありません。国政選挙もありません。しかし、国がサウジアラビア国民の生活の面倒を全部見てくれるんです。汚い仕事、つらい仕事は、すべてイエメン人やパキスタン人にやらせて、サウジアラビア人は高級官僚になる。だから、今もトレーラーでキャンプに行くときには、メープルリーフ金貨をたくさん持っていって、ベドウィンが来ると、「はい」と言ってみんなに金貨を配ります。昼間でも皎々《こうこう》とネオンサインや街灯がついています。こういう国です。

この国の中にアメリカ軍が駐留しているわけです。これをサウジアラビアはどう説明しているか。メッカとメディナの管理をしているのがサウジアラビアという国家です。アメリカも、キリスト教徒、もしくはユダヤ教徒の国ですから、啓典の民です。だから、サウジアラビアの指導下でアメリカをボディガードとして使っているという説明をしています。それに対して、ウサマ・ビン・ラディンは怒り心頭なんです。「アメリカ人は神なんか信じていない。物質文明に侵されていて、カーフィル（無神論者）だ」と。「無神論者なんて生まれてこなかった方がよかった、その無神論者と手を握っている今のサウジアラビアの王室も、結局は無神論者だから、こんなものどもはたたきつぶせ」と。

では、どういう政治体制が理想かというと、アッラーは一つ。それに対応して地上の秩序も一つ。カリフ（国家指導者、最高権威者）帝国はたった一つの帝国だけがあればいい。国民国家は認めないというわけです。そして、それに対応して一人の皇帝、カリフがいればいい。要するに、サウジアラビアの御家騒動で、ウサマ・ビン・ラディンはサウジアラビアの王様になりたかった。それで全世界を支配したかったわけです。その面倒くさい御家騒動に全世界が巻き込まれてひどい目に遭ったというわけです。

ところが、やはりこのワッハーブ派には人を引きつける力があります。それは、カルバン派が引きつける力をもっているのと似ています。

私自身のバックボーンもカルバン派です。日本でいうと、戦前の日本基督教会（長老派）の系統なんです。カルバン派というのは基本的に反省しません。どんなにつらいことがあっても、それは神から与えられた試練だから、必ず意味がある。この試練を耐え忍んで、神様を信じつづけて闘い抜けば、必ず生き残ることができる。生き残れなかった人は記憶から忘れられるわけですから、結局、残っているのは生き残った人の記憶しかない。こういうふうに、カルバン派は信念が強いのですが、ワッハーブ派も同じです。

たとえば、アメリカのプリンストン神学校というと、カルバン派です。シカゴ神学校は会衆派で、同志社の系統と一緒です。関西学院大学はメソジスト派。青山学院大学もメソジスト派。明治学院大学はカルバン派（長老派）、このように分かれていて、お互いの交流はあまりありません。

ところが、カイロのアズハル・モスク、ここに神学院がありますが、どの神学院もスンニ四法学科です。ハナフィー、シャーフィイー、マーリキ、ハンバリの四つですが、お互いの間を自由に移動できます。

今、世界的な傾向としてハンバリ派の影響が強まっています。イスラエル周辺のイスラーム諸国においてもハンバリ派的な原理主義的傾向が強まっているわけです。イランの十二イマーム派の中の非寛容な動きとハンバリ派の非寛容な動きが、イスラエル、キリスト教世界に対して激しく戦っています。一方で、イスラーム世界の中での話になると、分節化が激しくなって、お互いに殺し合いをしている。こういう状況です。

【質問者3】

一、危機に対して政治と宗教がどう結びつくのでしょうか。
二、日本におけるアメリカのキリスト教、宗教を通じたアメリカと日本のかかわりはどうなっているのでしょうか。インテリジェンスの方に聞いてみたいと思います。

まず二の宗教とアメリカとのかかわりから言うと、ユニテリアン（父と子と聖霊の三位一体論を否定し、神の唯一性を強調）がアメリカ的なキリスト教です。アメリカの大統領は、「神にかけて」とよく言います。しかし、「キリストにかけて」とは言わない。アメリカには、キリストを「まことの神」ではなく、「偉大な教師」だったと考えるキリスト教のグループがあるんです。これがユニテリアンです。

たとえば十八世紀に、『フランス革命の省察』を書いたイギリスの思想家エドマンド・バークもユニテリアンの問題を扱っています。「ユニテリアンはろくでもないものだけれども、脅威ではないから、イギリス国教会は寛容であるべきだ」とバークは言うのです。こういう弱いグループに対して偏狭な立場をとると、我々が内部から変質するから、我々のためにユニテリアンに対して寛容であるべきだという考えです。

このユニテリアンがアメリカ・キリスト教の主流です。ユニテリアンは、長老派とか会衆派とかバプテスト派とかメソジスト派といった個々の教派とは関係なく、教派横断的に存在します。要するに、キリストの奇跡物語というのは、古い時代の表象の中で書かれたもので、キリストは偉大な教師だったという考え方です。ある意味では孔子と同じような感じでキリストを見ています。

こういうアメリカの宗教的な考え方は、日本にも影響を与えています。それは何かというと、超越性に対する感覚です。要するに内在的超越性なんです。たとえば最近、新自由主義の流れでスマイルズ（英国の医者・作家）の『自助論』が注目されました。これは、『西国立志編』という題で明治時代に訳されていますが、今普及しているスマイルズの『自助論』は抄訳です。アメリカ型の抄訳で、要するにユニテリアン的な感覚で理解されたものになっているんです。自らの努力によって、手の届かないところにも届く力が備わってくるという考え方。こうしたアメリカの宗教的な考え方が、日本に強く影響を与えていますし、日本のエリートはこうした考え方を引っ張ってきました。

ただ、これも問題はあるのです。アメリカというのは思想史的に十九世紀がない国です。これに対し、ヨーロッパの特徴をつくっているのは十九世紀のロマン主義です。十八世紀に啓蒙主義がでてきましたが、その啓蒙主義だけでは人間の問題は解決しない。ここはやはり戦争と関係してきます。ヨーロッパは多くの戦争を経験することで、人間には非合理な要素があることを感じるようになります。それで、森の生活とか、中世とか、あのころのほうがよかったんじゃないかという後ろ向きのロマン主義的な発想が出てきます。しかし、正確に言えば、それは本当の過去ではなく、現時点から解釈された過去であるわけですが。

アメリカはこのロマン主義を経験していません。ヨーロッパでロマン主義が流行している時期にフロンティアの開発をやっていました。その意味で、アメリカというのは、合理主義の精神のままずっと二十一世紀まで来ている国なんです。非合理な要素とか、理屈でわからないもののことがよくわからない。だからアメリカ人は、お金が好きだし、出世が好きなんです。それ以外の価値がわからないのです。九鬼周造が言うような「いき」という感覚などとてもわかりません。「いき」というのは、微分法的な考え方です。何かに到達できるんだけれども、到達する手前でとどまる。接近はするんだけれども、そこには行かない。あくまで近づいていくという考え方。それに対してアメリカ的な考え方では、本当に望むものと一体化してしまう。言いたいことを全部言ってしまうのは、日本の感覚では野暮です。その点では、アメリカというのはまったく野暮なんです。

それから、最初のご質問の政治と宗教に関して言えば、日本人の宗教観は基本的に魔術的です。これは、神道の影響だと思います。ただし、実は魔術というのは近代科学と一緒です。たとえば丑の刻参り。丑の刻にわら人形と五寸釘を持っていく。最近は、通信販売で売っています。のろいのわら人形セットとか。それを持って、手続きに従って毎日同じ時間に行ってお百度を踏んでやれば、必ずのろいが実現する。これは近代科学と同じ考え方です。科学の実験というのは、だれがやっても同じ結果になるわけですから。

ところが、そうではない出来事があります。それが超越性です。要するに手続きを踏んでも実現できないもの。そういうものに直面したときに、政治家というのはやはり宗教に頼る。政治家を見ているとおみくじを引かない人が多い。大凶とか引いたら大変ですから。もし引くとすれば、一〇万円かけても引き続けて大吉が出るまで続けます。スポーツ新聞や週刊誌の占い欄を見ない人も多い。逆説的ですが、それはむしろ超越性に対する感覚があるからです。小沢一郎さんが高野山に行くというのも、「数の論理」だけでは無理があるということで、高野山を思いついたんでしょうね。

それから、菅さんは東日本大震災の復興構想会議に玄侑宗久さんを入れました。これも、何か超越的なものの力が必要だと感じたからでしょう。

政治家というのは、どの国の政治家もそうですが、必ずどこかで超越的な感覚をつかもうとします。逆に言えば、気をつけないと変なペテン師とか占い師に支配されてしまう可能性もあるわけですが、いずれにせよ、やはり伝統宗教には政治家が頼りうるいろんな叡智が入っています。

宗教にとって一番重要なのは葬式に携わることです。「葬式仏教」としばしば揶揄されますが、大きな間違いです。葬式をする宗教というのは最も強いからです。結婚式は多い人でも三回ぐらいです。二回目からは大体式はやらない。それに対して、死にかかわる儀式は、日本人の霊性からすれば、五〇年、地域によっては一〇〇年にも及びます。日本のキリスト教会も、日本人の霊性を反映したあり方をしています。不思議なことに、死んで七日目に記念会というのがあって、四九日目にも記念会をよくやります。「初七日」とか「四十九日」という発想は、キリスト教からはどうひねっても出てこないはずなのですが。さらには、三年目にも記念会があり、七年目にも記念会があって、五〇年たつとその後はやらない。これはやはり日本の精神的な伝統の中に入ってキリスト教が機能していて、仏教に合わせた形での行事になっているからだと思うんです。

第二講　「救われる」とは何か

宗教は何のためにあるのか？

宗教というのは何のためにあるのでしょうか。さまざまな宗教がありますが、基本的には人間の救済ということのためにあるのだと私は思うんです。したがって、自分は幸せで何の悩みもない、できるだけ長生きをして、富を蓄えたいという人は、基本的に宗教とは関係がありません。しかし、そういう人は、キルケゴールに言わせれば、「非本来的な絶望」に陥っています。本来、人間は死を抱えている。そのことを考えたら不安で仕方がないはずですから。

ちなみに、ここにおられる僧職についている皆さんは、大変な訓練を受けています。前回の講座で、私が一番感銘を受けたのは、皆さんが笑わないということです。それから、びっくりした声もださない。おそらく、何かあると瞬時に頭の中のチャンネルを切りかえて、いろんなことをばらばらにする思想的な訓練ができているからではないでしょうか。これは、インテリジェンス・オフィサーに似ています。変な話を聞いても、変な目に遭ってもそこで動じない。これは、やはり訓練のたまものなんです。皆さんがそうです。宗教的訓練を受けていることを皮膚感覚で感じます。

ただし、救済に関しては、仏教とキリスト教はベクトルが違います。

キリスト教と仏教のちがい

仏教とキリスト教は救済を求めることに熱心な宗教です。

キリスト教のほうでは神の国、永遠の命という形で救済を考えます。ちなみに、新約聖書の福音書は、できた順に『マルコ』、『マタイ』、『ルカ』、『ヨハネ』ですが、最初の三つの福音書は神の国というイメージで救済を説いています。神の国というのは、イエス・キリストが復活して支配した体制のことです。それに対して、四番目の福音書である『ヨハネによる福音書』では永遠の命という言説をとります。

フランシスコ・ザビエルが十六世紀に日本に来て最初に生じた失敗は、「デウス」が「大日如来」と訳したことなんです。大日如来はどうも太陽のことを指しているらしいけれども、太陽は被造物であるから、これを神様として崇拝するのは困る、と。逆に、明治以降、日本のキリスト教受容の過程で一番困ったのは、キリスト教が考える「永遠の命」、すなわち「死んだ後、復活して永遠に生きる」という考えでした。仏教的な常識からすると、これでは迷いの世界から永遠に解脱することができないということになります。処女懐胎などということも全く理不尽な迷信に見えたと思います。

また、キリスト教のほうからすれば、涅槃《ねはん》であるとか輪廻転生を超えたところに行くというのは、あたかもすべてが消滅してしまうことになり、これは最後の裁きの中で地獄に投げられるのと同じことのように見えます。仏教というのは地獄に行く教えではないかとなる。

こう考えていくと、お互いの異なるイメージが明らかになってきます。しかし、それでいいんです。これは何だと違和感を覚えるから、そこから真剣に相手を理解しようという動きが出てきます。その意味で、今回、まずお話しすべきは場の問題です。

宗教と物語

キリスト教神学では、今から百年ぐらい前に「生活の座」（ジッツ・イム・レーベン、Sitz im Leben。紀元一〇〇年頃までのキリスト教原始教団が礼拝、教育、訓練などを行ったとされる場のこと）ということが問われるようになりました。たとえば、嵐があり、龍神と雷神があらわれる。こういう表象を見て非科学的だといって拒否することにはあまり意味がありません。というか、全く意味がないんです。当時の人は、そういう表象で嵐をあらわした。その時代の人たちがどういう場所にいたのか、そのことを抜きにして神話的な表象について語っても意味がありません。神話は科学によって拒否するものではなく、神話は解釈するものだということです。

ちなみに、科学の考え方というのは、キリスト教から見ると魔術と一緒です。魔術にはある特定のマニュアルがあります。前回も述べましたが、丑の刻にわら人形に五寸釘を打ちつける。これを手続きに沿って一〇〇回やれば、だれでも呪いをかけることができる。これは近代科学と基本的に同じ考え方です。

キリスト教の場合は神様との関係があります。イスラーム教でもそうです。

たとえば、イスラーム世界で人と約束をしていて、だれかが遅れてきたとすると、まず何と言うか。「アッラーを恨むな」です。「ごめんなさい」とは言わない。「私が遅れてきたのはアッラーの神様が遅れるようにしたからで、だから文句を言うんじゃない、アッラーを恨むな」というわけなんです。キリスト教徒にもそういう発想があります。こういうところを理解しないと、その宗教がどういうものかはよくわかりません。

宗教というのは必ず物語の形で語られます。ただし、ここ二〇～三〇年、日本ではポストモダン的な物の考え方が非常に強くなりました。共産主義という大きな物語は意味がなくなった。大きな物語ではなく小さな差異が重要なんだという流れになりました。人間は物語をつくる動物です。ですから、逆に稚拙な物語にも吸収されてしまう。

実は、物語を脱構築する力ということにおいては、仏教には長い伝統があります。日本のポストモダン的な発想も、こうした日本の仏教的な土壌を抜きにして考えることはできません。

重要なのは、今、再び物語の時代を迎えているということです。この物語をどのように回復していくか。この問題と宗教は深く関係しています。キリスト教というのは明らかに救済の物語をつくっていく宗教です。そこで重要なのは、イエスがいた時代のこと、今から二〇〇〇年前のことを我々はもはや皮膚感覚として追体験することはできないということです。そうなると、近過去に起きたことを追体験することによって、イエスがいた時代を追体験する方法を研究しないといけないことになります。

グロスマン『人生と運命』

その意味で、最近読んだ中で非常にすぐれていると思う本がありました。『週刊文春』(二〇一二年四月一二日号)に書評を書いたのですが、ワシーリー・グロスマンという人の

『人生と運命』（みすず書房）という本です。

グロスマンはソ連時代、特にスターリングラードの戦いに従軍して有名な報道記事を書いた人ですけれども、ソ連共産党にも入らず、ソ連の公式イデオロギーを認めない作家です。ソ連から亡命はしなかったのですが、発禁になった本が多い。特に、この『人生と運命』という作品は、二〇〇〇年か三〇〇〇年は刊行を認めないと当時のソ連当局が言って、原稿が押収されました。彼が死んだ後、最初にスイスで出版され、ようやく今回初めて日本でも出たんですが、実におもしろい。ソルジェニーツィンの『収容所群島』を明らかに抜いています。

主人公はヴィクトルという名前の物理学者でユダヤ人です。重層的にいろいろな物語が組み入れられています。スターリングラードの戦闘やそこでドイツ側につかまってしまったロシア人の運命を描いています。

ところでスターリンの息子もナチスドイツに捕まって捕虜になっています。そこでヒットラーはスターリンに打診するんです。「おまえがお願いしてくるんだったら息子を返す」と。しかしスターリンは、「そんな捕虜になるような人間は私の息子ではない」と言って切り捨てます。結局、収容所の中で死んでしまいます。

それからまた、秘密警察の人間が、後に秘密警察に逮捕されるんです。そして、ルビャンカというモスクワ中心部の国家保安委員会（ＫＧＢ）の本部があるところに連行されて尋問を受けます。こういった物語がいくつも出てきて、多声的な構成になっている。

ちなみに、ロシアの長編小説のおもしろさは、この多声的な構成にあります。一つの小説をいくつもの物語として読むことができるんです。ドストエフスキーに関して、このことを強調して読み解きをしたのがバフチンでありますし、日本では亀山郁夫さんです。そういう読み方でドストエフスキーの新しい翻訳を亀山さんはつくったわけですが、亀山訳の『罪と罰』と『カラマーゾフの兄弟』は大ベストセラーになりました。トルストイも、やはり構成は多声的です。

グロスマンもその点は非常によくできているんですが、グロスマンの作品を成功させているもうひとつの視点があります。それは、グロスマンがユダヤ人であることを隠さず、ユダヤ人の視点から物事を見ている点です。そして、その視点が少しねじれているんです。「反ユダヤ主義は、個々の人間や社会制度や国家体制がもつ欠陥を映す鏡である。ユダヤ人の何を非難しているのかを聞けば、その人自身がどのような点で責められるべきかを言うことができる」。日本語で全三巻の本ですが、この文章は第二巻の二六二ページにあります。ユダヤ人の視点から歴史を読み解くということではなくて、反ユダヤ主義という病理を回避せずに、肯定的、否定的な要素すべてを踏まえて人間を現実的に見ようとしているところが、うまい構成になっているわけです。

この本が「二〇〇〇年か三〇〇〇年は発禁」と言われた理由は、ユダヤ人虐殺とそれに対するソ連の普通の人たちの対応について書いてあるからです。ちなみに、ソ連時代には反シオニスト委員会というのがありました。イスラエルに反対するための委員会です。しかし、その反シオニスト委員会は全員ユダヤ人によってつくられていました。ユダヤ人の手によって反イスラエル活動をやらせるわけです。反宗教運動にも「生ける教会運動」というのがありました。聖職者自身によって教会を否定する運動をさせるんです。こういうやり方がソ連の特徴です。

ウクライナ、ベラルーシ、あるいはロシアの西部でかつてナチスドイツに占領された地域に行きますと、「ここでファシストによる虐殺が行われた」という碑がたくさんあります。その犠牲者のほとんどはユダヤ人です。しかし、ユダヤ人虐殺とは書かなかった。実は、ソ連の中にもナチスと相通じるような反ユダヤ主義があったことを隠したいからです。その雰囲気を淡々とグロスマンは書いています。

このヴィクトルという人の奥さんのお母さんはユダヤ人の化学者です。その村にドイツ軍が入ってくる。家から出て、納屋のようなところにまず追い込まれるのですが、その後、町の中につくられた収容所に入れられ、その後、穴に埋められて絶滅させられます。ちなみに、そういうところで手先となって働いたのは、ルーマニア兵やリトアニア兵やラトビア兵といった周辺の人たちです。

グロスマンはこういうふうに書いています。「掃除人の奥さんは私の窓の下に立って、お隣の奥さんに言いました、『ありがたいことに、ユダヤ人たちは終わりよ』。いったいどうしてそんなことが言えるのでしょうか。彼女の息子さんはユダヤ人女性と結婚しているのです。この老婆は、息子さんのところにお客に行ってきては、私にお孫さんの話をしていたのですよ」。こういうエピソードがソ連体制にとっては一番嫌なんです。「ソ連ができてから二十数年たっているのに、人間は全く変わっていない。こんな反ユダヤ主義が生きているんだ」ということを淡々と書いているから問題視されたんです。

加害者・被害者の入れ替わり

ソ連の体制では加害者と被害者が錯綜します。もと秘密警察の職員が逮捕される。そして、新しく入ってきた政治犯にこう言うんです。「令状の出される者は有罪であり、令状は誰に対しても出せる。どの人間にも令状をもらう権利がある。生涯にわたって他人に令状を出してきた人間だってそうだ。御用が済めばお払い箱なのさ」と。日本でも同じような状況を見ることができます。陸山会（小沢一郎氏の資金管理団体）の捜査で、石川知裕さんという小沢一郎さんの秘書をやっていた国会議員を取り調べた、田代政弘さんという検察官が、捜査報告書を偽造したということで、遂に責任を追及されました（二〇一二年六月不起訴処分、辞職）。ちょっと形は違いますが、日本でもソ連でも同じようなことが起きるんです。

こういう構造を見抜くときに必要なのは、ぶれることのない何らかの「場」です。これは、キリスト教、ユダヤ教、イスラーム教、仏教、それぞれ違います。そして、ここにおられる僧職の方は、それをどう言語化するかは別として、既にみずからの「場」を持っておられます。その「場」というのは、この京都の風土と非常に関係すると思うんです。日本人が物事を真剣に考えていくと、最終的には必ず西田幾多郎、田辺元たちを始めとする京都学派の発想になってきます。少なくともそれと非常に近いところに落ちついてきます。

日本人の思考方法

二〇〇九年に、松岡正剛さんがこちらの連続講座に講師として来られました。彼はこの問題を自覚的に追求している人です。松岡さんとはトークイベントでおもしろい話をしたことがあります。それは革マル派の創始者である黒田寛一という人についての話でした。私は、この黒田寛一や革労協の中原一といった新左翼の理論家たちが書いたテキストに非常に関心を持っています。なぜかというと、殺人を理由づける思想だからです。人を殺す思想というのは本物の思想です。その意味において、キリスト教には人殺しをさせる力があります。仏教にも人を殺す力があると思います。特に、大量殺人とか恨みがないのに実行する殺人というのは、その前段階で自分の命を捨てる覚悟がないとできません。そのような知性を変容させることができる思想は、ものすごく危険であるがゆえに重要だと思うんです。

黒田寛一、中原一、中核派の本多延嘉といった人たちは、いろんな人に影響を与えています。今の日本の政治家にも新左翼出身の人はたくさんいます。松岡正剛さんも、若いころは革マル派だったことは隠していない。

ところが、タブーになっている思想ですからだれも引用しない。しかし隠れた形でそれが出てくる。私は、むしろ、このタブーになっている思想を扱わないといけないと思うんです。そこに、実は宗教性が埋め込まれているからです。

黒田寛一という人は、革マル派の創設者でありながら、最終的には和歌の世界に入っていきます。そして、『実践と場所』（全三巻、こぶし書房、二〇〇〇―〇一年）という本の中で、日本論に行き着き、天皇賛歌の直前のところで、おそらくは、寿命が尽きてしまった。それ以上書き進めることができなくなってしまった。その論理は明らかに京都学派の構成なんです。

評論家の柄谷行人さんも、「日本人が物事を真面目に考えれば必ず京都学派になってしまう」ということを、ぼそぼそと、あまり理論的に精緻にはしない形で言っています。この日本人の「地」になっている部分をどのように見ていくか。これが私には非常に重要な問題に思われます。

そこで、私は裏側から見ていきます。

我々の思想というのは、基本的に「言挙《ことあ》げ」をしない。あるいは、「言挙げ」ができるものはネガの形であらわれている。「言挙げ」できるものによって「言挙げ」できない部分を知るという、そういう方法なんです。

この方法を徹底的に詰めていくには、まず西洋的な物の見方、考え方を徹底的に進めていくことが必要になります。その果てから東洋的な物の見方を見ていかないといけない。

アメリカの啓蒙主義とヨーロッパのロマン主義

そこで重要になってくるのが西洋の啓蒙思想です。理性（ラティオ、ratio）というものの価値が、ヨーロッパでは十七世紀の終わり頃から急に上がってきます。

理性で物を考えるということ自体は昔からありました。しかし、それはレベルの低い真理のつかみ方だったんです。「A＝B、B＝Cならば、A＝C」というのは、どんな愚かな人間でも認めることができます。それに対して、「悟りを開く」、あるいは、「神を知る」、「神を見る」というのは瞬間芸です。そこでは、努力とか頭の働きは関係ない。近代以前は、むしろ真理の追求法としては、この方が正しかった。ところが、十七世紀の終わり頃に、ふと人間は疑問を持ち始めたわけです。

たとえば、皆さんはあいさつをするときに合掌されます。この合掌というのは非常にシンボリックです。右手と左手をあわせたとき、どちらの手がどちらの手を押しているのでしょうか。これはどちらとも言えません。あるいは、「ロバが井戸を覗く」と言うとき、西欧人、すなわちドイツ人、フランス人、イギリス人、さらにアメリカ人は、それに疑問を持たない。しかし、日本の知的伝統の中では、「井戸がロバを覗いている」のかもしれないと瞬時に思うわけです。「ロバが井戸を覗く」ということは、「井戸がロバを覗く」ということと同じである。これは合掌の思想です。この合掌の思想に近い考え方が、中世まではヨーロッパでも普通でした。何かものの形のような、目に見えない薄い膜のようなものがあって、その膜がぺたっとくっつくことによって人間は物事を理解するという考え方です。

主体があって、見る対象があって、それを頭の中で組み立てて理解する、というような

Q 啓蒙主義とロマン主義

啓蒙主義は、近代市民階層が台頭した十七〜十八世紀の西欧で全盛になります。これは、合理的精神に基づき、伝統的権威や旧来の思想を徹底的に批判し、理性の啓発によって人間生活の進歩・改善を図ろうとした思想運動の総称です。フランス革命の原動力の一つになったとされています。「啓蒙」の原語は、「光」もしくは「光によって明るくする」ことを意味します。

ロマン主義とは、十八世紀末から十九世紀にかけて西欧に興った芸術を中心とする思潮運動です。「啓蒙主義への反動」という性格も帯び、古典主義・合理主義に反抗し、感情・個性・自由などを尊重し、自然との一体感、神秘的な体験、無限なものへの憧憬を重視しました。

考え方が主流になったのは、せいぜいここ二百数十年ぐらいのことです。それ以前の長い伝統の中にあったものを思想の言葉や哲学の言葉で説明するのは、なかなかできないんです。

啓蒙の思想というのは理性を基本にしています。理性とはもともと「ratio」とか「rate」と言い、「分割」、「計算」という意味です。市場経済というのは、まさにこの理性の思想から来ています。啓蒙の思想というのは、まっ暗な部屋の中に蠟燭を一本ずつ立てていくと周りが見えるようになり、さらに二本、三本と増やしていけば、どんどん明るくなって、それまで見えなかったものが見えるようになる、という考え方です。

この考え方が強まったのが近代なんですが、実はヨーロッパでも、これは違うのではないかと気づいた人たちがいました。暗闇の中には何もない。しかし、光がさせば必ず影ができる。この「光と影」ということを考え、その影の部分に関心を持ったのがロマン主義者です。ところが、この考え方は主流にはなりませんでした。アメリカ人は今でもこの影の部分がよくわからない。目に見えない難しいことはわからないというわけです。これは、十九世紀にロマン主義を経ていないからです。第二次世界大戦で、ナチズムに対し、アメリカは物量で勝ってしまった。第二次世界大戦、大東亜戦争は、確かに思想戦でした。あれだけの物量をつくり出せる思想に、我々の思想が敗れたということです。

二つの世界大戦

しかし、敗れたとしても、我々の思想が間違っていたかどうかは、また別の問題です。

一九一〇年代から二〇年代に台頭してきた、この文明ではたして大丈夫なのか、という不安感。理性主導の文明は、結局、第一次世界大戦という大量破壊と大量殺戮をもたらしました。第一次世界大戦の原因は今でもわかっていません。サラエボで民族主義者のセルビア人青年がオーストリアの皇太子夫妻を暗殺したことがきっかけとされていますが、なぜそのことがあれだけの世界戦争をもたらした

Q 第一次世界大戦

三国同盟（独・墺・伊）と三国協商（英・仏・露）との間の帝国主義的対立や民族的対立などを背景に、ヨーロッパを中心に起こった最初の世界戦争。一九一四年六月のサラエボ事件をきっかけに始まりました。一九一八年一一月、ドイツの降伏で同盟国側が敗北し、翌年パリ講和会議でベルサイユ条約が締結されます。

この戦争は、国家がすべての力を戦争につぎ込む「総力戦」となりました。さらに、飛行機、戦車、潜水艦、毒ガスなどの新兵器が使われ、ヨーロッパでは軍人約九〇〇万、民間人約四〇〇万の死者という悲惨な戦争となりました。この戦争は、第二次大戦以上に、ヨーロッパの知性に計り知れない衝撃と動揺を与えたと言われています。

のか。いまだによくわからない。第二次世界大戦はナチスが原因だということで、歴史家はほぼ一致しています。ところが、第一次世界大戦の原因はよくわからない。しかし、第一次世界大戦と第二次世界大戦は、実は連続しています。「二十世紀の三十年戦争」とるべきだということです。そうすると、どうしても第一次世界大戦の起点が重要になります。ところが、第一次世界大戦の重要性は、第二次世界大戦の敗北しか経ていない我々には非常に意識しにくいものになってしまいました。

では戦前の日本を追体験する、あるいは理解するにはどうしたらよいでしょうか。百科事典を読むことだと私は思うんです。私はそれを実践しています。一九三〇年代に日本で最初の国際基準による百科事典が平凡社から出されました。一九三一〜三五年刊の初版は索引を入れて全二八巻です。たとえば「猫」という言葉を引きますと、動物としての猫の話とともに化け猫の話が載っています。あるいは猫の語源として、よく寝るから「寝子」という解説まで載っています。外国の百科事典から翻訳したものではなく、当時の日本の知識人たちが自分の言葉で書いているわけです。この事典には「日独戦争」という項目もありますが相当の量が割かれています。ドイツは敵国の扱いです。第一次世界大戦において、日本とドイツの間でどのような戦争が展開されたかが非常に詳しく記述されています。

戦後の百科事典にはそういった記述はありません。

話をもとに戻します。啓蒙には影がある。これを有名にしたのはフランクフルト学派第一世代のホルクハイマーやアドルノです。最近、岩波文庫にも入りましたけれども、『啓蒙の弁証法』という二人の本があります。アメリカに亡命した時代に書かれたものです。二人ともユダヤ系ですから、ナチスの台頭とともにフランクフルト大学の社会研究所から追い出されてアメリカで研究をしていたわけです。そのころに書かれたのでナチス批判のようになっていますが、本当のテーマは近代文明批判です。

なぜ啓蒙が野蛮に趨《はし》ったのか。これがこの本のテーマです。結論から言えば、啓蒙が光の領域を増やしすぎたからです。光の領域が増えると、それに対応して必ず闇の領域も増えることになり、どこかでその決算をつけないといけなくなります。それがナチズムのような形であらわれたという考えです。

ただ、この考え方は新しいものではありません。ユダヤ教の典型的な「カバラ」の思想と同じです。カバラの思想というのは闇の部分を見つめる思想です。フロイトの心理学にしてもユングの分析心理にしても、もともとユダヤ教のカバラの思想が現代的に形を変えたものです。ちなみに、カバラを学ぶ人たちは必ず瞑想します。瞑想の実践を通じてしか真理は体得できないという発想だからです。

悪の存在をどう考えるか？

このカバラ的な手法は様々なところで利用されていますが、キリスト教にも非常に強い影響を与えています。キリスト教における最大の難問は、神様は正しいのなら、なぜこの世の中に悪があるのかという問題です。これを神義論と言います。あるいは、神様が正しいということを弁解するので弁神論とも言います。これには二つの系統の考え方がありま す。

一つ目は、悪というのはそれ自体で自立はしていない。悪は善の欠如だという考え方です。この系統の起点は、古代のキリスト教神学者アウグスティヌスにあります。アウグスティヌスという人は、お母さんはキリスト教徒だったんですが、自身はもともとマニ教という当時の禁欲主義宗教の出身者でした。キリスト教に非常に禁欲的な要素が入ってしまったのは、キリスト教が本来持っていたものではなく、マニ教の影響が強いということがほぼ実証されています。特に、アウグスティヌスの場合には、「欲性（コンクピスケンチア）は遺伝する」という発想がありますが、これは明らかにマニ教から来ています。さらにこの欲性を精液と一体化して考えてしまいますから、独身でセックスしないほうがいいということになってしまいます。セックスに関しては同じキリスト教系でも、一部の新興宗教ではセックスを重視して、セックスによって清い、罪のない精液を注入するという発想もありますが。とにかくアウグスティヌス的なキリスト教の禁欲思想は、そういうような表象で罪を考えてしまったことが原点になっているんです。

この発想でいくと、とにかく禁欲して、悪を犯さないようにすれば、善なる社会の実現は可能だという方向に行くことになります。ある意味、その方向で楽観的な方向に行ったのは、キリスト教ではなく、スピノザなどの汎神論の考え方です。この世界は神様によってつくられたもので、その神は人格的な神ではなく、この世の中のすべてを足したものが神だという考えです。ただし、この汎神論というのは、この世の中に悪があるということをいったん認めた瞬間に汎悪魔論になってしまいます。この世の中は悪魔に満ち満ちているということになってしまうわけです。

これと全く別の考え方があります。非アウグスティヌス系、つまり、東方正教会やアラブ諸国のキリスト教の考え方です。この考え方によれば、悪は自立して存在する。しかし、神にその責任はない。「人類は悪魔の人質になっていて、その身代金としてイエス・キリストの命を差し出したので、我々は悪から解放されたのだ」という物語によって説明します。これは、悪は絶対に存在するという考え方で、なかなかうまく言語化されてきませんでしたが、悪の自立性を説いていています。

これを最近上手に言語化しているのが、たとえば、ドイツのプロテスタント神学者のユルゲン・モルトマンです。彼はこういうふうに考えます。

神が事物をつくったというのが、そもそも人間の大いなる勘違いであり、神はもともと宇宙全体に満ち満ちていた。それが、あるとき気まぐれで収縮して小さくなった。それによってできたすき間が我々の世界で、そのすき間には神の力は直接及んでいない。そこに人間がいる以上、その人間と人間の関係の中から悪が生まれてくる。

悪というのは、一種の「悪い縁」として生まれてくるという考え方です。人間は、人間としていろんな関係性を持たずには生きていけない。しかし、その関係性の中で必ず悪を構築してしまい、その悪によって我々の世界は支配されてしまう。

悪について考えるとき、この考え方は、非常に大きな力を持っていると私は思います。もとの話に引き戻しますと、これは京都学派の考え方とも近くなってくるんです。

三・一一の東日本大震災以降、日本は危機的な状況にあります。しかし、これは、基本的には、第一次世界大戦で生じた危機的状況の反復です。文明への不安。こういう状況の中で、宗教に対する関心は確実に高まっています。我々はまだうまく表現できないんですが、「助けてほしい」、「この状況から何としても抜け出したい」というような思いです。

「原発は一神教から生まれた」は本当か？

今、キリスト教関係の本が、以前と比べると非常にたくさん出ています。しかし、何か変な話が多い。たとえば、一神教は不寛容であるという説があります。もちろん一神教の中にも、不寛容な人もいれば不寛容でない人もいる。しかし、基本的には、一神教というのはむしろ寛容です。なぜかと言えば、一神教の信者は神と自分の関係にしか関心がないからです。ほかの人がどんな宗教を信じているか、信じていないかにはそもそも関心がない。無関心であるがゆえの寛容というわけです。

前講でも述べましたが、エルサレムを見てください。第二次世界大戦後、イスラエルが建国される前までは、イスラーム教も、ユダヤ教も、キリスト教も、基本的にはトラブルなくみんな平和に暮らしていました。シリアにもキリスト教徒が相当います。人口の一二％ぐらいもいますが、バッシャール・アル＝アサド大統領のあれほどの独裁体制においても、宗教間対立は起きていません。

他方で、多神教は寛容だという説があります。しかし、たとえばスリランカのテロには多くの仏教徒が関与しています。また、タイの紛争も、仏教徒間の紛争で、流血騒ぎも起きています。

ですから、特定の宗教が寛容であるとか不寛容であるという議論自体が間違っているわけです。ところが、「一神教は不寛容だ」という説は、かなり安易に通用しています。政治エリートでもそんなことを信じている人がたくさんいます。

加えて「キリスト教とイスラーム教の文明間戦争」というような実態とかけ離れた議論もさかんになされています。さらには最近の日本では、「原発は一神教から生まれた」という議論まで流行しています。こんなたぐいの話ならいくらでもつくれます。宗教学や哲学の訓練を多少受けた人なら、どんなものでも組み立てられます。ちなみに宗教学というのは、もともと無神論ですから。

「原発は一神教から生まれた」という議論を展開している代表は、中沢新一さんですが、ただ、中沢さんの議論は、ある意味で非常におもしろいところがあります。この議論を理解するためのかぎは、一九三〇年代の日本資本主義論争にあります。

明治維新をどう考えるか？

この一九三〇年代の日本資本主義論争というのは、マルクス主義者の中での論争で、講座派と労農派というグループの論争でしたが、実は、日本の知識人の考え方の鋳型になっています。

講座派というのは共産党系です。岩波書店から『日本資本主義発達史講座』（全七巻、一九三二―三三年、復刻版一九八二年）というシリーズが出ましたが、そこに寄稿している人々を中心とするグループが講座派とよばれました。もちろん、当時の共産党は非合法政党でした。一九三二年にコミンテルン（第三インターナショナル、国際共産党）が「日本に於ける情勢と日本共産党の任務に関するテーゼ」という文書を発表します。いわゆる「三二年テーゼ」です。「絶対主義天皇制」という考え方で、「天皇制」という言葉が市民権を得るのはここからです。「天皇制」という言葉が示すように、天皇というのは制度です。そして制度ならば改変可能だということになります。ですから、右翼が「天皇制を守れ」というのはおかしな話なんです。彼らにとっては、本来、制度ではないはずですから。「天皇制を打倒しろ」と左翼の人たちが言うのは、これは論理として当然です。

講座派は、日本はいまだに封建時代であり、明治維新は、資本主義が成立する以前の封建時代の絶対王政が成立した出来事であり、市民革命ではないと考えます。したがって、日本の権力を握っているのは、地主であり、天皇制官僚であるということになります。ですから、日本の革命は、まず資本家を中心とした市民革命によって天皇制を打倒し、その次の段階として、社会主義革命によって資本家を打倒する。こういう二段階革命論です。当面は民主主義革命、ブルジョワ革命を起こせということになります。

これに対して労農派というのは、共産党を最初につくった人たち、山川均などを中心とする論壇で活躍していたマルクス主義者たちです。労農派は、日本はすでに高度に発達していて、近代化がかなり進んでいる資本主義国だと見ました。明治維新は不完全な形ではあったけれども、市民革命、ブルジョワ革命だったと。日本の権力を握っているのは資本家であって、天皇はイデオロギー的な意味は持っているけれども、権力の実体はない。だから日本の革命は、直ちに社会主義革命だと。つまり、一段階革命論になるわけです。

ところが、ここからねじれが生じてきます。「資本家と手を握って天皇制を打倒せよ」と主張した共産党は、治安維持法違反になる。ですから、徹底した弾圧が行われます。共産党の路線としては、「社会主義は当面やらなくていい」、「資本家とも手を組む」と言っていたのに、大弾圧を受けるんです。

ところが、労農派は、最初、弾圧を受けませんでした。天皇制というものは日本の資本主義システムの中に取り込まれてしまっているから、天皇を打倒しても日本の社会は変わらない、打倒すべきは資本家だと彼らは主張したんです。戦前の日本において、社会主義を主張することは必ずしも法律に触れることにはならなかったんです。むしろ、右翼や軍部の中には、ソ連のような体制に転換したほうがいいと考える人も結構いました。結果として、天皇に触れていない労農派はお目こぼしされるという状況だったわけです。

これは、共産党のほうから見ると、とんでもないということになります。マルクスの言葉は使うけれども、労農派は社会ファシストだと。日本の天皇制権力と対峙する前に、まず社会ファシストである労農派を打倒しなければならないということになりました。内ゲバの論理の原点はここにあるわけです。他方、労農派のほうからすると、これは言いがかりにしか聞こえません。それで、労農派は共同戦線をはろうと提案しました。

講座派が、結局どうなったかというと、日本の資本主義というのは独特のシステムなので、今後、どんなに発展しても変わらないという考えになるわけです。その結果、講座派は転向者をたくさん出しました。後に『大東亜戦争肯定論』を書く林房雄もそうですし、佐野学や鍋山貞親などの共産党幹部も転向しました。この人たちは熱烈な天皇主義者になっていきます。なぜかと言えば、「日本の特殊性」という思考で物事を考えているからです。その意味では、日本特殊論の源泉は講座派にあります。戦後の「日本型経営」という考え方も、思考のパターンからすると講座派なんです。

中沢新一さんは、叔父さんである網野善彦さんの影響を非常に強く受けています。網野善彦さんは典型的な講座派の歴史家です。日本の特殊な型の中に物事を入れていくという思考様式です。ですから、中沢さんは原発に、外来のものとしての一神教というシンボルを張りつけているのですが、私はキリスト教とも一神教ともあまり関係ないと見ています。むしろ、中沢さんの思考様式の問題です。

今、現実の政治で大きな議論になっているのはＴＰＰ（環太平洋戦略的経済連携協定）です。加盟に賛成しているのは、労農派的な発想の持ち主です。日本の特殊性と呼ばれているものは、実は究極的には問題でないという考えです。柄谷行人さんも中沢さんと同じように反原発の運動をやっていますが、思考の形は、中沢さんとは異なります。私が見るところ、柄谷さんは基本的に世界システム論の立場に立っています。彼の『世界史の構造』（岩波書店、二〇一〇年）は普遍理論です。これは労農派に親和的です。

日本の知識人や学者の九五％は、講座派的な思考をしています。残りの五％が労農派的な思考です。労農派的な思考というのは、国際基準と比較的合致しやすいから、たとえば、マルクス経済学者の宇野弘蔵や柄谷さんの著書が、日本よりもむしろ英語圏でよく読まれるというような状況が生じるわけなんです。

類型的な見方とは何か？

さて、そういう中におきまして、救済宗教の土着化というものについて真面目に考えないといけないと私は思っています。講座派的な物の考え方と労農派的な物の考え方、その対立を克服していく一つの道が土着化であり、類型的な物の見方だと思うんです。

前回も触れましたが、魚木忠一という戦前、戦中、戦後に活躍した歴史神学者が、かつて同志社にいました。この人が『日本基督教の精神的伝統』という本を書いています。一九四一年に出ました。純粋なキリスト教なんていうものは存在しないという考え方です。キリスト教は、それぞれの時代と文化に触発されて生まれてきたものであるというのです。つまり、パレスチナのキリスト教、ギリシャのキリスト教、中世においてはラテン類型のキリスト教、ドイツの宗教改革で生まれたゲルマン類型のキリスト教、あるいはイギリス、アメリカに渡ったアングロサクソン類型のキリスト教、ロシアのスラヴ類型のキリスト教、さまざまな類型があって、どれが正しいのか、どれが本物のキリスト教か、どこにキリスト教の本質があるか、というような問題設定には意味がないと考えたんです。そして、日本には「日本的なキリスト教」ではなく、「日本キリスト教」があると。日本の文化、伝統の中に土着化したキリスト教があるというのです。その「日本キリスト教」を強化しないといけないという観点から書かれたのが、『日本基督教の精神的伝統』という本です。

その中で、魚木忠一が一番重視しているのが仏教です。信者はそれほど多くないにもかかわらず、なぜ日本のキリスト教がきちんと日本社会の中に根づいて神学的な発展を遂げたかというと、仏教の土壌があったからだというのです。仏教の本質は救済宗教であるという点にある。さらに、神道、儒教を加えた三つの伝統の中で受け入れられているのが日本のキリスト教だという認識です。それは、最終的には、日本精神であるとか、大東亜共栄圏の建設という時局的な問題ともかかわってくるのですが、この本の中では、そういう問題には踏み込んでいません。その翌々年に書かれた『日本基督教の性格』(日本基督教団出版局、一九四三年)というパンフレットではかなり時局の話をしているのですが。いずれにせよ、戦後、この『日本基督教の精神的伝統』や魚木忠一の物の考え方というのは、時局迎合だという形で切り捨てられてしまいました。

ところが、同志社大学の神学部には、一種の密教教団みたいなところがあるんです。表で教えられているキリスト教のドクトリンとは別に、将来牧師や神学者を目指すような人なら、公には否定されてしまっているけれども、本当は読んでおくとよいというものを先生たちから紹介され、口伝でいろいろ学んでいく。魚木忠一については、そういう環境で私も勉強したんです。

二〇〇八年に亡くなった藤代泰三という歴史神学の先生が同志社にいました。この先生に、第二次世界大戦後のチェコスロバキアにおける共産党政権とプロテスタント教会の問題を扱うと言いましたら、うーんと言って眉をしかめて、よくないとおっしゃったんです。新し過ぎるテーマだというのです。本来、神学というのは、一〇〇年以前のことを扱わないといけない。ここ一〇〇年のことを扱うと関係者がまだ生きているから視点が歪んでしまう。それでは結局、無駄な勉強をすることになるから、できるだけ古いテーマを選んだ方がいいというアドバイスでした。当時は、変な先生だなと思ったんですが、今になると非常によい教えでした。

この先生は、魚木忠一の考え方を戦後の同志社の中で受け継いできた神学者です。藤代先生の本も何とかよみがえらせて、特に救済宗教としての仏教からキリスト教が何を学んだのかということを整理してみたいと私は思っています。

日本のキリスト教というと、リベラルで左翼的で反権力的な要素が強いと思われていますす。しかし、第二次世界大戦のときは、日本基督教団から、満州や南方へ宣教師、従軍牧師を結構出しているんです。満州の熱河地方に伝道に行ったり、フィリピンにも宣教師を送っている。また、零戦を奉納するために献金も行っている。戦時体制にかなり協力していたんです。

戦争に翻弄された日本の神学部

多少余談になりますが、戦前の同志社には魚木忠一先生と並んでもう一人、有賀鐵太郎という有名な先生がいました。この人はオリゲネスの研究をしています。

オリゲネスというのは、初代教会のキリスト教の教父なんですが、異端なんです。やはり、アウグスティヌスなどと同じで、性欲というのが問題だということで、みずからの手で去勢してしまいました。そうやって、禁欲を中心とした形で神学体系を構築しようとした人ですが、有賀鐵太郎先生は、そのオリゲネスの研究で博士号を取りました。それとは別に『象徴的神学』（全国書房、一九四六年）というとてもいい本を書いています。

実はビジネスマンだった有賀先生のお父さんはムスリム（イスラーム教徒）でした。明治時代の日本には結構ムスリムがいました。中東やトルコとビジネスをする場合、ムスリムになると同胞として扱われるので有利になる。ですから、ビジネスマンで当時ムスリムに改宗する人が結構多かったんです。その息子の方はイスラーム教経由でキリスト教に入ったというわけです。東京の一中、日比谷中学時代から成績も非常によく、本来だったら一高、東大に行くはずのところ、どうしても神学を勉強したいと言って同志社に来たんです。

戦後、著作集には入らなかったのですが、この人の書いたものの中におもしろい本があります。一九四一年に国策出版社の第一書房というところから出た『学生自動車隊のイタリア一周』という本です。

実は、有賀鐵太郎は、「ファッショ・キリスト者」なんていうことを言っていました。今もありますけれども、当時、同志社大学に自動車部がありました。中村うさぎさんという方がいます。私と対談本を出しているんですが、整形であるとかホストクラブ通いといった体験を書いています。彼女はバプテスト派のクリスチャンで、同志社大学自動車部の出身なんです。その彼女のずっと上の先輩たちが、戦前、日本製の自動車でイタリアを一周しているんです。そして、ムッソリーニと会うわけです。有賀鐵太郎は、ムッソリーニに大変感銘を受けたと書いています。

この先生は、第二次世界大戦後は、占領軍の占領政策に協力します。GHQと組んでオーテス・ケーリという人を同志社に呼びました。この人はハワイの捕虜収容所長をやっていました。そして、戦後の占領政策の中で、同志社もかなり重要な役割を果たすことになります。有賀鐵太郎は、「日本ではキリスト教がきちんと大学で教えられていなかったから、あんな無謀な戦争を始めたんです」と進言しました。ムッソリーニと会ったことなど都合の悪いことは隠して、うまくGHQを説得したんです。当時、GHQは、国立大学に神学部をつくると言い出しました。東京大学は徹底的に抵抗します。そんな変なものはつくれないと。それで代わりに西洋古典学科というのをつくったんですが、本当は国立大学の神学部にするつもりでした。京都大学は、文学部の中にキリスト教学科をつくりました。その初代の講座主任として、有賀鐵太郎は同志社から京大に移っていきます。戦時中は、いつも軍服、将校の服を着ていたそうです。いつの時代でも非常に調子のいい人でした。

それに対して、魚木忠一先生は、戦時中逮捕された学生たちのもらい受けとか、学生の面倒をよく見ていました。戦後になっても、日本キリスト教の精神についての授業をずっとやっていました。一九五〇年代の前半に亡くなるのですが、同志社で静かに一生を終えて、同志社の密教的な伝統を守った先生なんです。

有賀先生については、こういうこともありました。あるところで私が先生を批判した話が、最近まで同志社の理事長をしていた野本真也先生の耳に入り、こんな風にたしなめられたんです。「佐藤君、それはちょっと物の見方が甘い。有賀先生は有賀先生なりに同志社の生き残りを必死に考えたのだ」と。

戦前、キリスト教は好ましくないから全部一つに統合してしまおうという動きがありました。青山学院大学、明治学院大学、立教大学といった大学からは神学科はなくなり、日本基督教神学専門学校、今の東京神学大学に一本化されてしまったんです。ところが、戦前、同志社には、日本で唯一、文学部の中に神学科があり、そこが独自の高等教育を担っていたわけです。同志社の神学科が生き残ったのは、有賀先生がムッソリーニと会って自らファシストと自認していたからです。「キリスト教にもいろいろあって、同志社のキリスト教はファッショ・キリスト教だから心配ない」ということで、当時の軍部からも認知されていた。そのような同志社のいかがわしい伝統を私なども引いているわけです。

ただ、そのいかがわしさというのは、実はキリスト教の中では非常に重要なところだと思います。キリスト教は人間の原罪を認めます。ですから、人間は悪くて当たり前なんです。開き直れということではありません。キリスト教というのは土着化して初めて意味を持つということです。

我々は仏教に勝つことができない、近未来においても勝てないでしょう。日本の仏教は、葬式仏教という形でよく揶揄されますが、これは大きな間違いです。宗教において、葬式を司るということは、死というものをその宗教との関係において受け入れるということだからです。それは宗教として最も強い影響力を持つということです。

チェコの民族と宗教

キリスト教の土着化を考えるとき、一つの場として私が取り上げたいのは、チェコのキリスト教なんです。日本ではチェコ神学への関心はあまりありません。しかし、チェコのキリスト教は、宗教が民族とどのようにして融合していくかということを考えるときに非常に重要な例になるんです。

少し前のことですが、フロマートカの『神学入門――プロテスタント神学の転換点』

（二〇一二年三月刊）という本を翻訳し、解説をつけて出しました。新教出版社というところから出ています。原書の初版は一九五五年にプラハで出ています。重版が七九年です。ところが、いずれも一〇〇部から一五〇部しか刷られていません。わら半紙にガリ版で刷られたものなんです。

チェコスロバキアは、共産主義体制でしたが、ソ連と比べると、神学校も認められていましたし、出版活動も認められていました。ただし、キリスト教は迷信だという立場です。迷信を信じる人がいるという自由は認めてやるというわけです。印刷機も紙もインクも人民のものですから、迷信を広めるための教科書というのは、最低の数しか刷りません。講義を受ける神学生が一〇〇人だったら一〇〇部しか刷らないというように。

逆に言えば、部数が少ないがために広く行き渡らないから、普通は検閲にひっかかるような内容でもそのまま通ったんです。当時のチェコ社会は周囲のすべてが無神論の世界で宗教に敵対しています。そうした社会で自分たちの信じる真理はキリスト教であり、イエス・キリストは救い主なんだということを、いかに人々に理解させ、実際の生活の中に反映させていけるかという観点から牧師たちが力を込めて書いているので、大変すぐれているんです。かなり難しい書物ですが。

フスという人は、正確にはわからないのですが、生まれたのは一三七〇年頃で、「フス」というのは、チェコ語で「がちょう」という意味です。一四一五年七月にコンスタンツの宗教会議で異端の宣告を受けて火あぶりにされています。その一〇〇年前のイングランドにウィクリフというオックスフォード大学の先生がいたのですが、このフスという人は、その影響を受けています。

「果物」は存在するか?――実念論と唯名論

ここで少し中世について話しておきます。中世のはじめの頃は、「実念論」という物の考え方が支配的でした。英語では、「リアリズム、realism」になります。「現実主義」と現在では訳していますが、いま言われる「現実主義」とは意味が違います。

どういうことかというと、三角形というのは二等辺三角形や正三角形など様々な三角形があります。しかし、すべてを含む一般的な三角形というのは頭の中にしか存在しない概念です。数学者というのは実念論的な考え方をします。たとえば、「果物」という場合、ナシ、リンゴ、イチゴ、メロンなど様々な形態があります。このとき、具体的に示すことはできないが、とにかく「果物」というものがあるという前提で話を進めます。これが実念論的な考え方です。

それに対して、唯名論的な考え方というものがあります。これは、目の前の現実にあるもの、ナシ、リンゴ、イチゴ、メロンは木になっていたり、つるであったり、それぞれ系統があります。したがってそれらを総称する「果物」というのは、「便宜的につけた名前にすぎない」という考え方です。この唯名論（ノミナリズム、nominalism）の考え方から、近代的、合理的な考え方が発展していくんです。啓蒙の思想の源泉というのは、中世の唯名論にあります。世界中の大学も、実念論から唯名論になっていくんです。

ところが、十五世紀、さらに十六世紀になっても実念論がずっと保たれたところがあります。プラハのカレル大学とイギリスのオックスフォード大学なんです。

実念論の世界では、「目に見えないけれども存在するものがある」と考えます。「愛」であるとか「信頼」であるとか「慈しみ」であるとか「慈悲」というものは、目に見えないけれども確実に存在するという感覚になるんです。ですから、イギリスには成文憲法がありません。憲法は文字にできないという考えだからです。文字にできないものを、ある時代の中でぎりぎりの状況になったところでやむなく文字にする、という発想です。キリスト教にも、いろいろな信仰告白、信条があります。キリスト教も実念論的な考え方をしますから、信仰や神について、人間の限られた知識や知恵ではあらわすことはできないと考えます。しかし、ある重要な局面において、ある限定された状況で、文字にして自分たちの信仰について述べるというのが信仰告白です。

聖書をチェコ語に訳したフス

フスは現実の教会を見て、こう言うわけです。「クリスチャンだからといって救われるとは限らない。そんなことは終わりの日にならないとわからない」と。また、「聖職者と言うが、本当に聖なる人間なのか、そもそも『聖なる人間』ということ自体が間違いではないか。人間はみんな原罪を持っている。教会の長はイエス・キリストであって、ローマ教皇であるはずがない」と。

贖宥状《しょくゆうじょう》(免罪符)というのは、最初はそんなに悪いものではなかったのです。カトリック教会では、死んだ後、「天国」にも「地獄」にも行かない者は、「煉獄」にとどまります。地獄に落ちる者はそのまま地獄にすとんと落ちます。それに対し、罪を犯してはいない圧倒的に大多数の者はまず煉獄にとどまります。その煉獄で修練を積んで段階的に天国に行けるようになるわけです。ところが、地上にいるときにキリスト教のことをよく知らずに、修練をしていなかった死者たちは、煉獄にとどまって、なかなか天国に行けません。そういう死者のために、取りなしの祈りを今生きている人が行うことによって、つまり祖先供養をすることによって、そういう死者たちも煉獄から抜け出して上のほうに行けるようになります。巡礼にはそういう効果があります。ところが、忙しくて巡礼に行けない人もいる。そういう人は、お金を払って代参をしてもらう。それが贖宥状になったわけです。

ところが、贖宥状を買ってもらえない人は、いつまでも煉獄に残ってしまうことになる。その煉獄が、いつの間にか地獄に近いイメージになってしまいました。これはおかしいとフスは思ったんです。これでは煉獄は、金もうけのためにあるのではないかと。

聖書はラテン語で書かれています。しかしラテン語を理解できない人たちにとっては何を言っているかわからない。説教をラテン語で語られても、ありがたいと思ってきいてはいるけれども、これでは神のことはわかりません。そこで、もともとラテン語も普通の人たちが使っていた言葉だったということで、フスは、世俗語、当時のチェコ語で説教を始め、聖書のチェコ語への翻訳を始めました。ウィクリフも同じことをやっています。聖書の全体を初めて英語に訳そうとしたのはウィクリフです。

「肉」と「血」は本物か？　シンボルか？

さらに、最後の晩餐でパンはイエス・キリストの肉体で、ぶどう酒はイエス・キリストの血だとされたので、中世のカトリック教会では、ぶどう酒とパンで聖餐式が行われるのですが、この聖餐式をめぐって多くの論争がおこりました。たとえば、ウエハースのような、イースト菌が入っていないパンを使ったほうがいいというのがカトリック教会です。それに対して、ロシア正教会では、イースト菌が入っていないといけません。プロテスタントの教会では、普通の食パンを使っています。ロシア正教会では、特別に焼いたパンを使っています。

そういう違いがあるのですが、最も重要なのは、このパンとぶどう酒が本当のキリストの肉であり血なのか、それとも単なるシンボルなのか、ということです。この問題をめぐって考えが分かれます。カトリック教会、正教会では、神父が儀式をしたときに本当の血と肉に変わると考えます。それに対してルター派は、半分は本当の血で半分はぶどう酒、半分はパンで半分はキリストの体だと考えます。改革派の中のツヴィングリの系統は、「何をばかなことを言っているのだ、血や肉に変わったら食べられるはずがないじゃないか、パンはパン、ぶどう酒はぶどう酒で、これはシンボルだ」と考えます。最後の晩餐を思い出すためのシンボルにすぎないということです。ちなみに、カルバンは、「ツヴィングリの考えは行き過ぎだ、実際に食べれば、それは人間の血となり肉となるのだから、それをわかって食べないといけない」と考えます。もう少し平たく言うと、「聖霊に満たされている聖餐式のパンとぶどう酒を、信仰なしに普通のパンやぶどう酒と思って口にすると腹を壊すぞ」という考え方です。大体この四つぐらいに分かれます。私はカルバンに近くて、「シンボルではあるけれども、信仰を持たずに口にすると腹を壊すことになるので、洗礼を受けていない人はパンやぶどう酒は頂かないほうがいい」という考え方です。

実際に、パンやぶどう酒が肉となり血となると、これは大変なんです。たとえば、アングリカン教会（聖公会）の場合です。アングリカン教会というのは、カトリック教会と一緒で、パンやぶどう酒は本当の肉となり血となるという立場です。大きな盃でぶどう酒を回し飲みします。残ったぶどう酒は、すべて司祭が飲み干さないといけなくなります。酒に弱い人が聖公会の司祭になると大変です。酔っぱらってしまって説教ができなくなったりするからです。今日の信者はどれぐらい飲むかを計算してぶどう酒を入れなければなりません。

さて、問題はカトリック教会です。カトリック教会は、フスの時代には信者にぶどう酒は与えません。神父が酒をけちって出さないというわけではありません。ちなみに、中世の修道院では皆いいぶどう酒をつくっていました。それは、神父たちだけが飲みました。信者が辞退したからです。もし、うっかりしてキリストの血を床にこぼすようなことでもしたら、神聖冒瀆になるので私は辞退しますというわけです。それで、ホスチアというウエハースだけを与えるという方式になりました。これを一種陪餐と言います。今は大体二種陪餐ですが、今でもカトリック教会では、ホスチアをポケットに入れて持っていこうとすると、神父にとめられます。夜中に黒ミサか何かで使うのではと疑われるからです。このホスチアは、儀式の中でキリストの体そのものになっていますから、キリストを冒瀆することに使われるのではと警戒されるんです。

フスは「一種陪餐はおかしい」と言いました。神父も信者も同じキリスト教徒ではないか。なぜ神父だけがぶどう酒を飲んでいるのか。礼拝では信者にもぶどう酒を飲ませなさいと主張したわけです。

ですから、今でもチェコスロバキアのプロテスタント教会には十字架ではなく盃が描かれています。それで観光客が時々飲み屋と間違えて教会に行ってしまう。カトリックによる十字軍が何度も送られてきてプロテスタントであるフス派と戦争をしましたから、十字架というのは侵略者のイメージなんです。ですから、チェコスロバキアでは、プロテスタントは十字架を嫌います。土着化したキリスト教なんです。

「我々はフスの民族だ」――チェコスロバキアの独立

そして、十五世紀、十六世紀には徹底的な弾圧を受けます。しかし、隠れプロテスタント教徒として、みんな逃げて山奥に住みました。チェコスロバキアのプロテスタントは、基本的に山岳地帯が拠点になっています。どんな弾圧に対しても屈しないで信仰を維持していく。自分たちの共同体を重視するわけです。やがて十九世紀の終わりに、「我々は実はフスの民族なんだ」ということで新しい国をつくります。初代のチェコスロバキア共和国大統領をつとめたトマーシュ・マサリクも、その流れの中から出てきた人です。カトリックでしたが、プロテスタントに改宗しました。そして、一九一八年にチェコスロバキア共和国ができ、それに合わせてチェコ兄弟団福音教会ができました。ルター派とカルバン派の合同教会ですが、要するに、フス派が二十世紀に復興したということなんです。そのときに中心になった神学者が、私が翻訳したフロマートカという人です。

フロマートカとファシズム打倒

このヨセフ・ルクル・フロマートカという神学者に私が心を奪われたのは、二十歳のときでした。それまで魂のさすらいと言いますか、いろいろ経た上で、同志社の神学部に来ました。そもそもは、フォイエルバッハの無神論を勉強して、「神様がいない」ということの研究をしたいと思ったからです。その後、ラインホルド・ニーバーやカール・バルトやディートリッヒ・ボンヘッファーといったすぐれた神学者の本を読んだのですが、どうしても、すとんと落ちるものがありませんでした。そこで出会ったのが、チェコのフロマートカという神学者だったんです。その機会をつくってくださったのが野本先生で、今でも覚えています。神学館二階の図書室の横のところで、「佐藤君はフロマートカという神学者の本を読んだことがありますか」と聞かれたんです。「いや、ありません」と答えました。あれからもう三〇年になります。この神学者の物の考え方を起点にして、私は外交官にもなりました。その後、鈴木宗男さんの事件で捕まったときも、この神学があったから耐え切れたと思っています。

私が心を奪われたポイントとは何かと言うと、「救済とは何か」を本当に自分の生き方で示した人だったということです。

フロマートカは、一八八九年、北モラビアのホドスラビッツェ村で生まれました。ウィーンで勉強して、その後、ドイツとスコットランドで勉強します。そして、一九一八年にチェコスロバキアの建国に立ち会って、チェコ兄弟団福音教会をつくるわけです。そしてフス神学校（コメンスキー神学校に改称後、現在はカレル大学プロテスタント神学部）の教授になります。彼は神学的な一人の天才であり、「危機の神学」の創始者と言われたカール・バルトと並ぶようなすぐれた神学者です。

ところで一九二〇年代のチェコスロバキアのエリートというのは、みんなプロテスタント教会に通っていました。そこで、プロテスタントは、金持ちで頭がよくて政治エリート

Q

チェコスロバキア

チェコ人とスロバキア人が一つの国を形成すべきというチェコスロバキア主義に基づき、一九一八年に建国。しかし独立後も、領土や共産化をめぐって隣国と紛争を繰返し、一九三八〜三九年には、ドイツの主導のもとに段階的に国家が解体され、ドイツ・ハンガリー王国・ポーランドによって併合・保護領化されました。

第二次大戦後の一九四八年、総選挙で共産党が圧勝し、事実上、社会主義国化します。六八年、自由改革路線（プラハの春）が推進されますが、ソ連軍の介入により、改革路線は頓挫します。

八九年、ビロード革命で共産党政権が崩壊。九三年、連邦解消法に基づき、チェコ共和国とスロバキア共和国に分離しました。

だと思われるようになっていました。ところが、彼はそこでカトリックの研究を始めます。そして、古代教会の研究をするんです。ですから、あまり現実とかかわらない学者のようにも思えます。しかし、一九三〇年代、ファシズムが台頭してきて、特にスペイン市民戦争が起きると、チェコスロバキアの教会は反共的であるにもかかわらず、「共産党と組んでこのファシズムを打倒しなければいけない、なぜなら、このまま事態が進むと必ずチェコスロバキアにまでファシズムが波及する」と主張したんです。この予言は的中します。

一九三八年のミュンヘン会談で、ヒットラーは、チェコスロバキアのズデーテン地方の割譲を要求します。英仏は妥協して、チェコスロバキアの代表者の意見も聞かずに割譲してしまいました。そのとき、カール・バルトはナチスに抵抗してドイツにいられなくなり、スイスに移っていたのですが、公開書簡を出して、フロマートカに「武器を取って戦え」と主張しました。「お前たちがフス派の子孫であるなら、このヨーロッパにも男の中の男がいるんだということを示せ」と。それで、ゲシュタポから狙われてしまって、フロマートカは、スイス経由でアメリカに亡命して、プリンストン神学校で教鞭をとることになります。

そのとき、彼は、チェコスロバキアのロンドン亡命政権の幹部でもありました。チェコスロバキアの亡命政権は、共産党系とイギリスにあった自由主義系に分かれ、共産党系は勢力温存政策を取るのですが、自由主義系はテロ工作を徹底的に行い、ハイドリヒというボヘミアとモラヴィアの保護領総督の暗殺などを実行しています。

フロマートカと冷戦下のチェコスロバキア

第二次世界大戦後、アメリカにとどまれと言われるのですが、フロマートカは、社会主義化したチェコスロバキアに戻り、「赤い神学者」だとさんざん非難されることになりました。その後、外からは消息もよくわからないままでした。

ところが実際は、その間、一九五〇年代には、チェコスロバキアで展開された反ユダヤ主義キャンペーンに抵抗し、一九六〇年代には「プラハの春」の準備をしているんです。マルクス主義者と対話し、対話によって人間は本当に内側から変わることができると主張しました。そして、プラハの春で、ソ連軍の戦車が入ってきます。このソ連の介入に対して公開書簡を叩きつけて抵抗しました。そのため政治犯ということになってしまい、その翌年、プラハの病院で亡くなります。

これは私自身がオンドラというフロマートカの弟子から聞いた話なんですが、一九六九年一二月二六日にフロマートカは亡くなります。その二日前に見舞いに来たオンドラにこう言ったそうです。

「私にはもう一日、二日しかこの世の生は残されていない。最期に一つだけ君に命じておきたいことがある。私の遺言と思って聞いてほしい。私はこれまで君に対して命令を一度もしたことはなかった。ただし今回は命令である。亡命してはならない。この状況――ソ連当局による介入――が続くならば、君には個人的に極めて困難な事態が生ずるであろう。コメンスキー神学校の教授職から追放されるかもしれない、あるいは投獄されるかもしれない。しかし、いかなる困難があろうとも西側に亡命してはならない。同じ事柄を同じ時期に語る場合でも、チェコスロバキアの中で発言するのと西側で発言するのでは、その意味は全く異なる。私たちは祖国にとどまることによって、すなわち民衆と苦難を共有することにおいてのみ、イエス・キリストの真実をあきらかにすることができるのだ」

このフロマートカという人は、「フィールドはこの世界である。信仰を持つ者は常に前を見る」という言葉をよく口にしたんですが、二つの選択肢があったときに、客観的に考えて、より難しいほうを選択したほうが、キリスト教的な倫理としては正しいんだということを言ったのです。

救済とは原点に帰ること

プロテスタンティズムの考え方、その救済の考え方というのは、過去において、イエス・キリストがあらわれたあの二〇〇〇年前において、そのすべてが凝縮されていると考えます。ですから、常に復古維新の考え方なんです。宗教改革というのは、イコール復古維新なんです。プロテスタンティズムの力というのは、過去に帰ることができる力ということになります。原点に帰ることができるということです。

それは、日本の思想で言えば、南北朝時代の南朝精神に近い。復古維新によって日本を変えていくという、南北朝時代の北畠親房などが考えたことと、プロテスタンティズムは、非常に物の考え方が似ていると思います。

日本が、東日本大震災後の危機から抜け出すために必要なのは、この復古維新的な考え方です。そして、その際に重要なのは、日本の復古維新の論理を構築してきたのは仏教の精神的な伝統だということです。神仏分離以前の日本の仏教、神道を見直し、ヨーロッパの宗教改革との類比的な研究をしてみたいという問題意識を、今、私は持っています。

質疑応答

【質問者1】日本の思想の分類として、講座派的なものが九五%で、労農派的なものが五%ということで、頭の中がすっきり整理されました。その場合、京都学派というのは、どちらに入るんでしょうか。

京都学派の「絶対矛盾的自己同一」という発想は、明らかに講座派的です。

山田盛太郎という人の『日本資本主義分析』を読んでみるといいと思います。これが理解できる人は天才です。封建的=半封建的=隷農的=半隷農的と、異なる事柄がすべてイコールで結びついています。これは、何らかの信仰がないと読み解けない書物です。こういう信仰の書が、マルクスの名前を被って日本でたくさん出てきたところが日本のマルクス主義のおもしろいところです。先日(二〇一二年三月一六日)、吉本隆明さんが亡くなりました。彼の『共同幻想論』も明らかに講座派的な発想です。

新潮社から『功利主義者の読書術』（二〇一二年四月）という文庫本を出したんですが、その中で吉本隆明の『共同幻想論』に関する文章を書きました。個的幻想、共同幻想、それとは別に対幻想というのがあって、これは男女間の幻想だと吉本隆明は言います。しかし、これはどう考えてもまともな学問的な話というよりも、ちょっと薄暗い喫茶店で彼女を口説くときに、「僕たちの対幻想は……」と使った文句だなという感じがするんです。いずれにせよ、こういう独特の論理というか、非論理が生まれてくるところに京都学派にも通じるすごさがあると私は思います。

【質問者2】救済宗教ということで言えば、仏教思想が救済宗教としての特徴を最も持っているのではないかと思うのですが、もう少し敷衍《ふえん》して仏教の救済ということについてお聞かせください。

仏教は非常にすぐれた救済宗教だと思いますし、私たちの目から見ると、仏教は成功しています。成功しているからこそ、日本人は、普段、仏教についてとくに意識しない。そのぐらい生活に一体化しているように思います。

しかし、生活の中に組み込まれているがゆえに、それをうまく対象化できない。対象化することと自体、仏教からすると「迷い」であるということになります。

私の場合、どうしてキリスト教徒になったのか自分でも説明できません。一種の縁でキリスト教徒になったわけです。私は外交官をやっていたこともあり、よくわかるのですが、現実の国際社会は、今、再び帝国主義的な状況になっていて、場合によっては、戦争が起きかねない状況です。このまま放っておくと、尖閣なんかで戦争が起きかねません。そういう中で、救済ということをトータルに考えるなら、政治も社会も経済も全部入れて考えないといけません。

なぜチェコスロバキアを例に出して話を進めたかというと、やはり、チェコ人もスロバキア人も民族の生き残りに成功しているからです。あるいは、チェコスロバキアではなく、ロシアのプーチンでもよかったかもしれませんが、その成功の根っこにあるのは、土着の宗教の勝利なんです。だから、私はキリスト教を何としても日本で土着化させたいという問題意識を持っているわけです。

別の言い方をすると、富士山に登るなら、山梨から登っても、静岡から登ってもいいと思うんです。いろんなところから富士山に登ることができます。つまり、仏教の側に立っている人たちは、仏教の側からの救済の実践をするということです。ただ、それは、仏教の教団が世直し運動をやるとか、福島第一原発の瓦礫の処理に行くということではありません。一人一人の具体的な社会生活の中で、仏教を媒介とした生き方を通して影響を与えていく、ということではないかと思います。

この相国寺の連続講座も、相国寺派の皆さんが知的な活動を通じて、一つの救済事業を実践しているということだと思います。

【質問者3】

日本や世界の宗教は、土着化して救済的な思想というのが気づかぬ間に根づいているとおっしゃいましたが、個人的には、経済を見ても産業を見ても、あるいは最近問題の原発の処理の仕方を見ても、本質的に救済をしようというのが正直なところあまり見えないのです。これはもしかしたら、私個人の感覚なのかもしれませんが、制度の中でそういうものを感じないのです。佐藤さんはどういった部分を見て内在しているとおっしゃっているのでしょうか。

非常にいい質問だと思います。

原発事故が起きたとき、明らかに政府は情報を隠していました。有識者たちも情報を歪曲して提供していました。しかし、あの方便というのは、実は、救済に向けた生き残り本能から出たと思うんです。

あの時、メルトダウン（炉心溶融）、メルトスルー（溶融貫通）、さらに最悪のリスクについても、官邸はデータを持っていたわけです。それを、もし全部リアルタイムで発表したらどうなっていたと思いますか。東京は壊滅していたと思います。あのときに何が怖かったかというと、都市パニックです。これは皮膚感覚でわかります。ところが、何のマニュアルもなく、だれかが示し合わせたわけでもないのに、今我々は生き残れています。これは別に、政府を美化するわけでも、東京電力を褒めるわけでも、御用学者たちを擁護するわけでもありません。ちょっとしたハンドリングを間違えれば、生き残れなかったかもしれなかったということです。情報の出し加減、一人一人の国民の自粛といったことが、埋め込まれている日本人の救済観であると私には見えるのです。

ただ、救済といっても段階的な構成があります。仏教でも、キリスト教でも、輪廻転生というのがある。しかし、その輪廻転生の中では本来の救済は得られないわけで、救済は、その外側にある。けれども現実の人間の社会には戦争があり、生活苦があり、原発の問題があります。それを解決していかなければなりません。そうした具体的に置かれた状況において、どういう選択をしていくのか。神学の世界では、これを「状況倫理」といいます。実は、救済の問題というのは、この状況倫理のコンテクストが非常に重要になるわけです。状況倫理の世界においては、気休めということがあってもいいわけです。あの東日本大震災の対応の中で何らかの救済プログラムが我々の中に埋め込まれていなかったら、もっと大変な混乱とパニックが起きていたと思います。

【質問者4】

震災そのものは、原発がなければ話はまだ単純だったと思うんですが、この原発の問題は、日本だけで解決できるような問題ではありません。それを宗教者として、どう考えたらいいか。現実の政治状況を把握しておられる佐藤先生の考えをお聞かせください。

結局、正解のない問題なんです。

それから、私は原発問題に関しては、おそらく日本の有識者の中では圧倒的少数派です。要するに、脱原発というのは近い将来にはできないと考えています。それは、戦争を完全に回避することができないのと同じだと。そこで考えるのは、為政者、あるいは原発を運営している人たちに白紙委任状を与えないようにするためにはどうするべきかということになります。そういう発想になってしまうんです。そうすると、「脱原発」ではなくて「脱原発依存」。今、政府は脱原発依存という言い方をしています。脱原発依存というのは原発存続ということです。ベストミックスということです。その中で封じ込めについても考えていくということです。こういう発想でないと、逆に現実に全く影響を与えることができなくなってしまいます。

たとえば、沖縄・普天間飛行場の辺野古への移設という問題。これに関して反対の県民集会が行われました。沖縄戦における集団自決に関する教科書記述に対する県民集会も行われました。これによって物事は変わりました。具体的な要求がはっきりとしていて、間接民主主義的な手続きを全部とったけれども、それができないので直接民主主義の手続きになったということだったからです。

脱原発のデモでも四万人が東京に集まりました。これは大変なことです。しかし、その結果、何も変わらなかった。なぜかと言えば、運動のための運動だったからです。具体的に「何をやれ」という要求が出てこなければ、政治としては意味がない。なおかつ、こういうのは権力者に対する予防接種になってしまう。「四万人集まっても何もしないで大丈夫」ということは、次には一〇万人集まらないと聞く耳を持たなくなる。こういう現実の中で、どうやって原発を封じ込めて拡散を防ぐかというのは、正解のない問題なんです。

ただ、その中で一番重要な役割を果たしているのは、玄侑宗久さんのアプローチだと思います。彼は、福島に生きるという一つの選択の中で、もともと自分の出身地が三春だというところから考えている。

彼の話の中で非常に興味深かったのは、「自分の中に瞬間瞬間に相の違う考えが出てきてしまうんだ」と言っていたことです。「猪苗代湖の南にいい土地があるから、そこに原発の周辺の人をみんな逃がしたほうがいい」という気持ちが出てくるんだけれども、同時に、「自分たちのふるさとだからここから離れないで、危険を負担しながらも生きていくべきだ、そうでないと生きていけない人たちもいるのだから」という気持ちも出てきて、まとめることができないんだと。そして自分の考えさえまとまらないのだから、みんなで議論したってまとまるはずはないと。

彼の寺に日本各地から電話がかかってくるそうです。「なぜ子供たちを避難させないんだ」と。それで、あるとき、かなりきつい調子で言ったんだそうです。「ほうっておいてくれ、我々のところの話だから」と。絶対に正しいという調子で外から言われることが、現地にとってどれだけ負担になっているのかということをおっしゃっていました。

結論のない問題というのがある。そこで何らかの一つの決断をする。これは、民主的な手続によって選ばれた政治家がやる決断だと思うんです。そうすると、その決断をどう受けとめていくのかを考えるべきだということになってきます。

もう一つは、これは非常に実務家的な発想なんですが、なぜロシアとの関係がもつ可能性をもっと使わないかということです。長期間にわたって放射線を浴びた経験を持っているのはロシアだけです。チェルノブイリ原発事故はウクライナで起きていますが、当時の風向きの関係で影響を強く受けているのは、ロシアとベラルーシです。しかも、表に出していない情報を含めて、情報を全体として管理しているのはロシアなんです。そしてロシアは継続観察しています。なぜ私がそういうことを知っているかというと、十数年前にロシアの共産党幹部の人から頼まれて、チェルノブイリで被災した子供たちを日本で受け入れているからです。鈴木宗男さんが、自らの政治資金を用いて行いました。日本には広島と長崎での原爆の経験があってデータがあるからということで、かなり我々は協力をしていたんです。北海道大学の医学部には、そのとき共有されたデータがあります。日露関係がきちんとしていれば、そういったデータも共有できて、特に子供たちの将来にとって有益な情報も得られるはずです。

第三講　宗教から民族が見える

宗教から民族が見える

今回はさらに難しい問題に入っていきます。「民族と宗教」、そして次回の最終回は「国家と宗教」という問題を扱います。どうしてこの問題が難しいかと言いますと、宗教と根本的にぶつかるというか、うまくかみ合わない層の問題であるからです。しかし、宗教としては、民族の問題、国家の問題というのは、絶対避けて通ることができません。

今回はまずおおまかな問題設定について、それから民族の力について話します。実は、民族に関する研究は、ここ二五年ぐらいの間に相当進んでいます。ところが、専門家以外はほとんどついていけないという状態になっています。その結果、一般で流布している「民族」のイメージと、理論的に解明されているところの民族の現実との間には、相当開きができてしまっているのです。

ちなみに、日本も、これから深刻な民族問題を抱えることになります。もう抱え始めています。案外、皆さんも気づいていないと思うんですが、沖縄です。沖縄が今抱えているのは、事実上、民族問題です。ですから、この問題について少し踏み込んで話しましょう。

宗教というのは、生きている人間と向かい合わないといけません。そうすると、生きている現実の政治、現実の民族、現実の国家の動きをまず押さえないといけません。その次に現実的な話から少し戻って、理論的なところを押さえていきたいと思います。最も強い宗教、主流の宗教という観点から見ることで、実は民族が見えてくるのです。同時に、市場経済であるとか貨幣のことも見えてきます。

その最も強い宗教というのは慣習の形であらわれます。「宗教」という形ではあらわれない。戦前において、「国家神道は宗教でない」というのが日本政府の立場でした。「宗教というのは日本国民の慣習であるからだれであってもその慣習には従うんだ」という感覚で、最も強い宗教というのは必ず慣習の形をとるわけです。

それから、ちょっとわき道にそれますが、仏教の思想を現代に生かそうとする試みは多くの人が挑んでいるのですが、その中で注目されるのは、意外に思われるかもしれませんけれども、東京大学の科学哲学の先生でなおかつマルクス主義者としていろんな業績を残した廣松渉さんだと思うんです。この廣松渉さんについてほんの少し話をしたいと思います。

最後に、これは私自身の立場から話をします。現代神学は民族とどう対峙していくかという問題です。そこでカール・バルトという人が依然としてたいへん重要な位置を占めている、ということを取り上げます。

宗教の価値転換を上手に行った新宗教

さて、民族や国家という話をしますと、そういう生臭いことや現実に直結し過ぎたことは、宗教人は扱うべきではない、むしろ宗教は内面的な世界に集中するべきであって、宗教が政治に関与するとろくなことにならないと言う人がいます。これが中世やそれ以前の世界から得た我々の教訓だというわけです。しかし、このような議論は、近代の理性を崇拝するという特殊な宗教の立場からの意見にすぎません。

キリスト教であれ、仏教であれ、我々は伝統宗教に足場を置いています。伝統宗教というのは、近代よりも前にできた宗教です。ですから、いにしえから伝えられているところの伝統というものがあります。合理性では割り切れないけれども、「そこに真理がある」と信じているものがその伝統にはあります。

しかし、たとえば「エホバの証人」であるとか、統一教会のような、キリスト教系の新宗教があります。あるいは仏教系でも、二十世紀になって急速に力を持った立正佼成会であるとか、創価学会などがあります。これらの新宗教は、キリスト教や仏教といった伝統宗教の流れを引いているけれども、その中でも強い宗教的なエネルギーの吸収に成功している教団というのは、実はその構成は近代主義的です。合理主義的な考えをうまく取り入れて、世俗化の過程で、宗教の価値転換を上手に行っているのです。

ただし、この種の宗教も、現代の主流の宗教ではありません。現代の主流の宗教は民族です。それはどういうことでしょうか。

合理主義的な時代に生きていても、我々が絶対に免れることができないのは死です。しかし、人間は表象能力、つまり物事を考える能力を持っていますから、その組み立て次第で自分の命を捨てることもできます。

自分の命を捨てることができるというのは、一見美しいことのようにも見えます。ところがこれは非常に怖いことです。自分の命を捨てることができるということは、他人の命を奪うことに対するハードルも著しく低くなるからです。たとえばオウム真理教を見てください。第三者的に見れば、オウム真理教は仏教から派生しています。ところが、オウム真理教というのは、仏教のドクトリンよりも、途中からキリスト教のドクトリンの方が強く入ってきています。これには、おそらくロシアに麻原彰晃やその仲間たちが行ったことが非常に関係していると思います。

フョードロフという謎の思想家と宇宙開発

十九世紀の終わり、ロシアにニコライ・フョードロフという謎の思想家がいました。本職は図書館のカード係でした。現在の国立図書館は、ソ連時代、レーニン図書館と呼ばれていました。その前の帝政時代には、ルミャンツェフ博物館に附属図書館がありました。彼はその図書館のカード係でした。なぜ図書館のカード係になったかというと、図書館にいるといろんな本が読めるからです。それで古今東西の古典に通じたのです。そして結婚もしないで、寝袋を持って図書館の中に住んで、お給料は若い学生たちにみんな配ってしまう。ところが大変な哲学者なので、トルストイやドストエフスキーが、このフョードロフのところへ訪ねていって教えを請うのです。この人は『一般事業の哲学』という本を著します。これは昭和十八年、戦時中の日本で、白水社から『共同事業の哲学』というタイトルで部分訳が出版されています。

この人は不思議なことを考えました。科学技術が発展すれば、人類は人間を生物学的に完全に復活させることができるようになる、と考えたのです。そこで、聖書に書いてあるように、直近に死んだ人間から順番に復活させていって、最後にアダムとエバまで全員、肉体をとって復活させる。そうなると地球にある土地や空気だけでは足りなくなるので、今度は天文学の知識を利用して、どこかに地球と同じように、酸素があって生物が生存可能な惑星があるはずだから、そこに向かって人間を移動させようと考えて、ロケットを発案するのです。この発想が、ツィオルコフスキーという「ロケット工学の父」と言われる人につながって、それがドイツに流れ、フォン・ブラウン博士によってドイツのV1号ロケット、V2号ロケット等のミサイル兵器が作られることになります。それがソ連による世界初の人工衛星、スプートニクや、アメリカのアポロ計画につながっていきます。スペースシャトルであるとか一連の宇宙ステーションというのは、このニコライ・フョードロフの発想から出ているわけです。人類の宇宙に対する関心の根っこには、こういう宗教的な動機があったのです。

「『救済』として殺す」という理屈

この万人を復活させるという考え方は、麻原彰晃の思想に明らかに影響を与えています。魂が死んだ後も残るというのは、仏教的な発想ではありません。明らかにキリスト教系の発想です。麻原彰晃は「キリスト宣言」をしています。そして、その魂さえつかんでいれば、ある技術的方法で肉体をよみがえらせることができる、と考えたわけです。

仏教の流れからいきますと、輪廻転生から解脱することが救済であるはずです。ですから、仏教的な教団としてスタートしているにもかかわらず、明らかにここで、異質なものになってしまっているんです。チベット仏教の影響とは別の位相です。時間が直線に流れ、復活というキリスト教の発想が入っています。だからこうなるんです。オウム真理教というすばらしい宗教に対して弾圧をかけようとしている政府や警察や反オウム真理教の人たちの魂は、その行為によって汚れてしまう。魂が完全に汚れてしまうと、将来、科学技術が発展しても、その魂から肉体を復活させることができなくなってしまう。そうだとすれば、あまり汚れていない今のうちに殺してしまうことが救済につながるのだと。こういう構成になるわけです。異常な考え方のように見えますけれども、実はキリスト教、特にプロテスタンティズムの流れから見ると、そんなにおかしな考え方ではないのです。神学を勉強した人ならこういう話は理解できるはずですが、とはいえ、一般の信者さん相手にはなかなかこういう話はできません。キリスト教の営業にマイナスになりますから。

宗教改革の父であるルターは、ドイツ農民戦争のときに、こう言っています。

「権力に逆らうのは神に対する罪を犯すことだ。今、農民たちは権力に逆らって反乱を起こしている。少しでも早く農民を皆殺しにして魂が汚れていないうちに救済せよ。そうすれば終わりの日に復活が可能になる」

「救済の事業として殺す」というわけです。「殺すことによって生かす」という転倒が起きるんです。オウム真理教の場合は、サリンを使っての大量殺人です。しかし、恨みであるとか憎しみでは、これだけの大量殺人はなかなか起きないものなんです。何らかの「救済」というような思想的な操作なしには起こらないものなんです。

ソ連・イギリス・イスラエルの民族と国家

実は、このような「救済」という思想的な操作なしでも、我々が命をささげることができるもの、それが民族であり国家なんです。なぜそうなっているか。とりあえずそこは括弧に入れておきましょう。

共産主義は、この民族の力というものを何とかして抑え込んで、民族ではなく階級の力によって新しい社会、国家をつくっていこうというものでした。その試みを成功させたのがソ連です。一九一七年のロシア革命を経て、一九二二年にソビエト連邦という国家ができました。そして一九九一年の一二月に崩壊します。ソ連の正式名称はソビエト社会主義共和国連邦と言います。「ソビエト」にも「社会主義」にも「共和国」にも民族を暗示する言葉は一つもありません。世界中で民族というものを主張しない国家は、ソ連がなくなった現在においてはたった一つしか残っていません。

それはイギリスです。イギリスの正式名称は、グレートブリテン及び北アイルランド連合王国と言います。ですから外務省の公式文書には「イギリス」という言葉は出てきません。「連合王国」という言葉が出てきます。しかし、グレートブリテン人という民族はいません。グレートブリテン島には、イングランド人とウェールズ人とスコットランド人が住んでいます。ちなみに、スコットランドでは、今、かなり本格的な分離独立運動が起きています。さらにアイルランドにおいては、アイルランドの北部(アルスター)九州のうち六州はプロテスタント教徒で、それ以外のところはカトリック教徒が主流です。ですからアイルランド共和国に北部六州は入っていないので、北アイルランドとよんでいます。しかし、民族はアイルランド人と一緒です。イギリスは、世界の中で非常に不思議な国家で、近代的な国民国家とは違う帝国なんです。

イギリスのもう一つの特徴は、成文憲法がないことです。文字になった形での憲法がありません。しかし、イギリス人というのは、自分たちがなぜイギリス人かということはよくわかっているのです。

ちなみに、イギリス以外にも世界で成文憲法がない国があります。その一つがイスラエルです。しかし、イスラエル人とは何かということはよくわかっています。イスラエルという国は、単にイスラエル国民の利益を代表するだけではなく、全世界に離散しているユダヤ人の利益も代表しています。イスラエルで重要な法律はたった一つです。帰還法です。この法律によって、イスラエルの国籍を取得できるのは、ユダヤ教徒、もしくはお母さんがユダヤ人の人と決まっています。ですから、ユダヤ教徒であっても、お父さんがユダヤ人で、お母さんがキリスト教徒の場合は自動的にはイスラエル国籍はもらえません。その場合は、ユダヤ教への改宗の手続きという複雑な手続きが必要になります。いずれにしても、イスラエルにしても、イギリスにしても、自分たちがユダヤ人であり、イギリス人であるということは、文字にしなくても、感覚としてもっているということです。

日本人にとっての憲法と民族

私は、日本も、イギリスやイスラエルと非常に近い憲法観だと見ています。現行の日本国憲法においても、たとえば憲法九条と自衛隊は完全に乖離しています。憲法を改正したほうがいいという声は非常に強いし、長いあいだ政権与党であった自民党はずっと改憲論者が主流を占めていました。しかし改憲されていません。そもそも日本人は成文憲法をつくりたくはありませんでした。今の憲法が押しつけ憲法だとするならば、大日本帝国憲法も押しつけ憲法です。成文憲法を持っていない国には関税自主権を与えない、治外法権を撤廃しないというのが、列強、帝国主義国の立場で、日本は嫌々憲法をつくらなければならなかったからです。

歴史をひもといてみれば、当時、「憲法が発布される」ということを普通の市民はどう受けとめたのでしょうか。天子様が「絹布《けんぷ》の法被《はっぴ》」をくださる、あるいは総理大臣が「ケンボウ」という棒を振り回す儀式をやる、というふうに受けとめていました。しかし、それで問題なかったわけです。裏返して言うと、我々は日本人だという目に見えない憲法が、我々の中に生きているということなんです。だからこそ、憲法が実態と離れてもあまり困らないんです。

ソ連時代の学問

前回も述べましたが、目に見えないけれども確実に何かがあるという考え方を実念論と言います。英語で言えば、「リアリズム」です。目に見えないけれども確実にあるもの、リアルなものがあるという考え方です。数学者の大多数はリアリストです。

才能が一番早く開花するのは音楽で、その次に美術、その次に数学ですが、すぐれた数学者というのは中学生ぐらいで才能が出てきます。数学の証明をするにしても、理屈を積み重ねていって証明するわけではなく、最初に結論が見えていて、こういうふうにすれば証明できると理屈を後から組み立てるのが、数学者の特徴です。ですから、理学部に行って数学をやる人と、工学部で工学の観点から数学をやる人は、数学的なアプローチや感覚が全然違います。

ソ連という国は、理性によって社会を完全に組み立て直したい、新しい人間をつくりたい、資本家と労働者の階級関係を解消して、すべての人が平等で手をつなぎ合えるような地上の楽園をつくりたい、そこで民族の違いを超克したいと考えました。

私は、一九八七年の八月にモスクワに赴任し、一九九五年の三月まで日本大使館で勤務していました。この七年八カ月の間に一九九一年一二月のソ連崩壊がありました。ですから、私は二つの体制をこの目で見ています。ちょうどソ連体制の末期で、私が非常に驚いたのは、この国が外側で見ているのと全然違う二重構造の国だということでした。

たとえば、私の留学したモスクワ国立大学においては、経済学部に二つの学科がありました。資本主義経済学科と社会主義経済学科です。資本主義経済学科というのは、日本でいうところのマルクス経済学です。資本主義社会がいかに矛盾していて、その矛盾がいずれ崩壊して社会主義に向かうという、資本主義の矛盾とその崩壊の道筋を調査するという研究です。社会主義経済学科というのは、日本でいうところの近代経済学です。新古典派総合の経済学をやっていました。生産手段というものの私有が否定され、搾取がない状況において、近代経済学の成果を弁証法的に利用して、社会主義建設を行うというものでした。だからソ連が崩壊した後、直ちにロシアは、ショック療法ということで新自由主義的なシカゴ学派の政策を導入しました。それがどうしてできたかというと、そういうことをできる人たちがいたからです。

さらに、政治学という学問は旧ソ連では認められていませんでした。政治というものが独立している、というのは幻想であり、政治は経済や社会の構造によって規定されるというイデオロギーがあったからです。そのかわり西側の政治学に当たる研究として、哲学部の中に科学的共産主義学科というものがありました。この「科学的共産主義学」という、もう今は存在しない学問が、事実上の政治学でした。さらに哲学部の中には現代ブルジョア哲学批判学科というものがあり、フランスの現代思想、デリダ、フーコー、ラカンといった人たち、あるいはドイツですとアドルノ、ホルクハイマー、ハーバーマスといった、フランクフルト学派の人たちの思想を研究していました。

私は「科学的無神論学科」というところで勉強しました。これは要するに宗教学科です。この講座にも、たとえば中沢新一先生が来られました（二〇〇二年一二月）。宗教学の専門家です。宗教学と神学というのは、一見似ているようですが、正反対の学問です。神学は、むしろ仏教の教学に近い。ただし、そもそも宗教学は、神学部から出てきます。

神学と宗教学のちがい

十八世紀に、理性で物事を判断するという啓蒙主義が出てきました。そして歴史の文献もいろいろと批判して、だれもが承認できる正しい研究をしていこうという流れが神学の中にも生じてきました。キリスト教の教祖はイエス・キリストですから、イエス・キリストがどういう人であったか、その言葉や行いの軌跡を調査して年代をあきらかにしていこうという調査研究が始まりました。これを史的イエスの研究と言います。

ところが、その結果、大変に面倒くさいことになってしまったんです。「歴史的にイエスという人が存在した」ということが証明できないという結果になったからです。同時に、「歴史的にイエスという人がいなかった」ということも証明できない。どうもキリスト教は、いたかいないかわからない人を教祖として信じているいいかげんな宗教らしい、ということが明らかになったわけです。そういう困ったことになりまして、神学は二つに分かれます。一つは、「証明できないのだから、イエス・キリストはいないと考えるのが正しいだろう。そこで批判的立場でこの世の中で起きている現象として宗教を見ていこう」という立場です。このアプローチが宗教学になります。宗教学というのは、基本的に無神論の立場です。しかし、仏教のほうから見ると、そんなに抵抗感はないのではないでしょうか。仏教は無神論ですから。仏教には超越的な神はいません。

それに対して、「イエスがいたかいなかったか、確かに学問的には証明できない。しかし、少なくとも一世紀の終わりから二世紀の初めにおいて、イエス・キリストがいた。キリストというのは名前ではなく、『救い主』という意味であり、イエスという人が救い主であることを信じている人たちがいたということまでは実証できる。それで十分ではないか」という立場です。そこから救いの内容について研究していくという方向に向かいます。これが主流派の神学になり、宗教学とたもとを分かった神学になっていくわけです。これは特定の宗教の立場に立って正当化していきますから、その意味において教学と構成は非常に近いと言えます。

ソ連を崩壊させた啓蒙主義とナショナリズム

ソ連の崩壊プロセスを私はこの目で見て経験しました。そのとき中心になっていたのは、やはり知識人たちです。この知識人たちは、ポストモダニズムの洗礼を受けていますから、フーコーやデリダの本なんかも読んでいます。さらに、旧ソ連のエストニアにタルトゥ学派という学派があって、記号論など、ポストモダンと非常に近い研究をしていました。

ところが、こういう最新の哲学を勉強していた人たちも、実際の運動では啓蒙思想を使いました。ソ連というのは、非合理的な社会であり、人権が抑圧されていて、自由がない。ですから、自由、平等、合理性といった思想がソ連社会を壊す働きをしました。いわば十八世紀の精神で二十世紀のソ連を壊したわけです。

一方、リトアニア、エストニア、ラトビアのバルト諸国の知識人やアルメニア、グルジア、アゼルバイジャン、ウクライナの知識人は、ナショナリズムを使いました。民族の権利、民族の名誉と尊厳がソ連によって侵害されているという形でソ連体制を壊したわけです。結局、ロシアの中にも、周辺の民族主義の高まりに対応して、ロシア民族の復興という運動が出てきました。今のプーチン政権はロシア的なものを強調します。

ロシア人の慣習としてのロシア正教

たとえば二〇一二年五月七日にロシア大統領の就任式がありました。私はロシアの国営テレビでその同時中継を見ていたのですが、就任式の一時間前からテレビの放送が始まりました。エリツィン元大統領の就任式、メドヴェージェフ前大統領の就任式の話はほとんどなく、帝政ロシアの戴冠式の話ばかりでした。そしてプーチン大統領は、首相府（ホワイトハウス）という建物からクレムリンに車列を組んで真っすぐな道を向かっていきます。ところが、その道を横にそれて救世主ハリストス大聖堂という教会の横をあえて通っていくわけです。

この救世主ハリストス大聖堂は、帝政ロシアの皇帝の家族の菩提寺です。ところが、一九三〇年代にスターリンの命令でダイナマイトを仕掛けて破壊しました。そしてその跡にソビエト宮殿という、いわば「共産主義の摩天楼」を建てる予定だったんですが、地盤が緩くてどうしても高層建築物は建てられない。それで共産主義の摩天楼を建てることは断念したんです。モスクワの人たちはみんな、教会を壊したから呪われたのだと言っていました。

そしてその後に巨大な温水プールをつくりました。モスクワの冬はマイナス二〇度ぐらいになります。そこにプラス三〇度ぐらいの温水プールがあるわけですから、その周辺はものすごく湯気が出て交通が遮断されてしまう。プールで泳いでいても、湯気で前に人がいるのか横にいるのかよくわからない。ですから五〇分ごとに遊泳時間が終わって、その後、人員の確認をします。ちなみにプールに入るときには、まず消毒槽の中に体を浸けないといけません。その消毒液の塩素が強くて体がぬるぬるになってしまいます。そしてお医者さんがいて皮膚病の検査があります。このプールにまつわる伝説があります。何人かがプールで消えてしまうことがあって、これはプールの中に妖怪がいて、足を引っ張られて地の底につれて行かれたのだと。もっとも当時のソ連時代というのは、秘密警察に突然連れていかれていなくなる人がいますから、突然、人が消えるというのはよくあったわけです。

エリツィン大統領がソ連を壊した後やったことは何か。このプールをつぶして土を盛って、昔と同じ形で教会をつくったんです。

さて、この教会堂の横をプーチンは通っていくわけです。そして、クレムリンの長い階段を歩いて、最後に大統領就任式の会場に到着します。憲法の前で宣誓をするわけですが、その前にはロシア正教の総主教、ロシアのプロテスタントの代表者たち、ロシアのイスラーム教の代表者たち、ユダヤ教の代表者たち、それからロシアの仏教会の代表者たち。

ロシアにも仏教会があるんです。一つはブリヤート共和国というバイカル湖のすぐそばのウラン・ウデというところにあります。もう一つは、カスピ海のそばにカルムイキア共和国というのがあるのですが、ここの人々はチンギス・ハーンの後、モンゴルがロシアを全部占領してハンガリーまで達したときの末裔です。我々と似た顔をしているカルムイキア人が住んでいて、この人たちは仏教徒です。チベット仏教を信じています。

とにかくこうした伝統的宗教の代表者の前を通り、彼らに祝福されることによって、プーチンは神から力をもらった特別な人になる、という演出をしているわけです。ですから、その意味でロシア正教というのは、非常に大きな影響力を持っています。

ロシア正教というのは、ほとんどロシア人の慣習と考えられています。仏教徒やイスラーム教徒は、別の宗教だけれども受け入れてロシア正教のお祝いに適宜つき合っているわけです。

また、プロテスタントでは考えられないことですが、中央アジアのロシア正教の教会に行きますと、イスラーム教徒の子供でも洗礼を受けさせようと連れてくることがよくあります。洗礼を体が強くなるまじないだと思っているからです。あるいはカルムイキアやブリヤートに行きますと、金髪で背が高くて青い目をした仏教徒がたくさんいます。カルムイキア人やブリヤート人と接触するうちに、キリスト教から仏教に転宗した人たちです。こういう様々な人たちが平和的に共存しています。

ロシアは多民族・多宗教国家

ロシアのユーラシア空間には、スラヴ正教系の人たちだけでなく、トルコ、ペルシャ系のイスラーム教徒やモンゴル系の仏教徒たちもいます。あるいはモンゴルとロシアの間に住んでいるトルコ系のトゥヴァ人も仏教徒ですし、さらに、我々とよく似た顔をしているアルタイ人は、現地のシャーマニズム、神道に近いタイプの宗教を信じています。こういう人たちがサラダボウルのように集まっているわけです。ですからイスラーム教とキリスト教の戦いというのはありません。ただし、カトリシズムに対する抵抗感は強い。あるいはサウジアラビアのワッハーブ派、この流れの中にアルカイダがあるのですが、そういうものに対する抵抗もたいへん強い。それらは外来の宗教だからです。それに対して、ロシアでは、伝統的なキリスト教、ユダヤ教、イスラーム教、仏教の距離感覚は非常に近いわけです。

ロシアでは、ソ連時代からそうですが、宗教でも民族でも、アファーマティヴ・アクションを行っています。アファーマティヴ・アクションというのは、少数派を積極的に優遇

Q 多民族国家ロシア

ヨーロッパからアジアにまたがるロシア連邦は、世界有数の多民族国家で、八三個の連邦構成主体によって構成されています。

ロシアの人口は約一億四二〇〇万人で、一八二の民族が存在するとされています。人口の八〇%以上は、東スラヴ系民族のロシア人で、ウクライナ人、チェチェン人など多くの非スラヴ系民族も住んでいます。

ロシア語には、二つの「ロシア人」という単語があり、明確に区別されています。

①「ロシア人（ルースキー）」は、「民族名としてのロシア人」。

②「ロシア人（ラシヤーニン）」は、「ロシア国民としてのロシア人」。ソ連解体後に、「ソ連国民」に代わってこの言葉が使われています。

していく政策です。二〇一一年、明石書店というところから『アファーマティヴ・アクションの帝国――ソ連の民族とナショナリズム、1923年～1939年』(テリー・マーチン著）という本が出ました。一万円ぐらいする高価な本ですけれども、よく研究されていて、参考になるいい本です。

選挙によって選ばれる「王様」

ロシアは、ある意味において、民族というものを超える新しい思想をつくろうとしているわけです。共産主義も超える新しい思想です。この流れは、プーチンという新たな宗教性をおびた皇帝の出現という形をとっています。その意味においては、共和制から事実上の王政への歴史の逆の流れが出ているように思えるのです。プーチンは「選挙によって選ばれた王様」です。世界の流れも、国家機能が強くなって、権力者に力が集中する傾向にあるので、もしかしたら、もう一度あちこちの国で事実上の王様が生まれてくるかもしれません。オバマ大統領も「期限付きの王様」と考えたほうがいいかもしれません。選挙によって王様が代っていくというような制度になっていくのかもしれません。

日本でも首相公選制を言い始めていますし、橋下徹さんが関西、特に大阪であれだけの人気を得ているということは、橋下さんが日本の王になろうとしているという流れの表れなのかもしれません。裏返すと、橋下さんの動きは、これから必ず日本の右派とぶつかります。なぜ日本で公選制が実現しないのか。これも我々の目に見えない憲法とどこかで関係していて、必ず天皇とぶつかることになります。公選制で直接国民から選ばれることになると、政治権力だけでなく権威もおびることになるからです。世界の歴史を見ても、国家の長を直接選挙で選ぶようになると、王政はなくなる傾向にあります。日本でも、目に見えないところでは、一見日常的にワイドショーをにぎわせている問題においても、その奥では大きな構造の転換が起こっていて、そこには必ず宗教が関係しているということです。

民族とは何か？

それでは、我々にとって、逃れることができない、うまく説明できないけれども大きな力をもっている民族ということについて考えてみましょう。

民族に対しては二通りの考え方があります。

一つは原初主義です。たとえば血筋でつながっている、共通の言語をもっている、あるいは同じ場所に住んでいる、という考え方です。あるいは経済的に相互に密接な関係がある、あるいはちょっと緩やかになりますが、共通の文化をもっている、という考え方です。この原初主義という立場に立つと、民族というのは大昔からあった、ということになります。日本は一九四〇年に紀元二六〇〇年の記念行事をやりましたから、現在、皇紀二六七二年になります。この考えに立つと、少なくとも二〇〇〇年以上、日本人はいることになります。中国は三〇〇〇年、いや五〇〇〇年だと言われます。ロシアの場合は、「いにしえの昔」というと、九世紀ですから、歴史というのは一一〇〇年さかのぼればいいということになります。イスラエルの歴史となると、紀元前三〇〇〇年などという話になります。いずれにせよ、我々はみんな何らかの民族に所属しているということになります。

ゲルナー『民族とナショナリズム』

民族について勉強するのにもし一冊だけ本を紹介するとすれば、岩波書店から出ているアーネスト・ゲルナーという人が書いた『民族とナショナリズム』（二〇〇〇年）をおすすめします。これは非常にいい本です。

ゲルナーは、パリ生まれのユダヤ人で、チェコスロバキアで育って、そこにナチスドイツが侵入してきたので、イギリスに亡命します。それでサハラ砂漠で戦車兵として戦って、その後、イギリスに帰化します。そしてまずウィトゲンシュタイン学派の言語哲学を勉強するんですが、そこから社会人類学に転向します。民族理論はいかがわしいとされているときに、民族に関する先駆的な研究を行いました。すごくおもしろい考えをした人です。進歩ということはほとんど認めません。方法論としては、デイヴィッド・ヒュームの懐疑論です。明日も太陽が東から昇るというのは、ただ過去の経験に照らして言っているだけで、絶対に正しいとは言えない。実際、今の天文学の学術的な研究に照らせば、いつか太陽が膨張して地球も吸収されてしまいます。そうなると、地球がなくなり、太陽が東から昇るということもありません。

彼が採用したもう一つの理論は、イブン＝ハルドゥーンという人の考え方です。イブン＝ハルドゥーンは十四世紀のイスラーム教の哲学者で、岩波文庫から『歴史序説』（全四冊）という本が出ています。歴史に進歩はない。オアシスに住んでいる定住民と、その周辺にいる遊牧民の間で権力は交替するという循環史観です。実は、社会学の考え方というのは、このイブン＝ハルドゥーンの影響を非常に強く受けています。

ゲルナーは、『民族とナショナリズム』でこんなことを言っています。

「人は一つの鼻と二つの耳とを持つように、ナショナリティを持たねばならない。それらのうちの個々のものを欠くことは考えられないわけではなく、実際に時折起ることではあるが、それは何らかの災難の結果起るものであり、またそれ自体が一種の災難なのである。こういったことはすべて当たり前のように思えるが、残念ながら真実ではない」

そうなんです。学術的研究をしている人はほぼ例外なく認めるのですが、ナショナリズムというのは、二百数十年以上前に遡ることはできません。民族という感覚は新しく、近代とともに生まれたものです。日本でも江戸時代においては、薩摩と会津の人たちは、おそらくは同じ民族に所属しているとは思っていませんでした。

今、アカデミズムや知識人の世界や専門家の間で主流になっている民族の考え方というのは、道具主義です。民族というものは、体制が成り立つための一種の道具のような機能を果たしている、という考え方です。あるいは機能主義的な見方と言ってもいい。そこでは「敵と味方」という要素が重要になってきます。それとともに、ゲルナーは産業社会との関係をとりあげ、産業世界が成り立つためには、人々は平等で、職業はいつでも取り替えることができなければいけない、と分析しています。

もしゲルナーの本を読まれるのなら、ぜひ注意深く読んでほしいのは、この本の二一六ページから二一七ページです。ここでナショナリズムに関する間違った見方を四つ指摘しています。

一つは、ナショナリズムは自然であり、必ずあるという見方。

二番目に、ナショナリズムは、だれかが階級支配みたいな形ででっち上げたにすぎず、これなしで済ませることができるという見方。

三番目はおもしろいのでそのまま引用してみます。

「マルクス主義の好む『宛先違い』の理論。つまり、シーア派ムスリムの過激派が、大天使ガブリエルは間違いを犯して、アリーに届けられるはずの神のメッセージをムハンマドに届けてしまったと主張するように、マルクス主義者たちは、基本的に、歴史の精神あるいは人間の意識はひどいへまをやらかしたと考えがちである。目覚めよというメッセージは、階級に届けられるはずであったのに、ひどい郵便の誤配のために、民族に配達されてしまった。その結果、革命的な運動家たちは、不正な受取人を説得し、そのメッセージとそれが生み出す熱狂とを、本来意図されていた正しい受取人に譲り渡すよう説得しなければならなくなったのである。正当な受取人と、横領した受取人との両方が、この要求に従おうとしないことが、活動家たちに大きな苛立ちを与えている」

本来「立ち上がれ」、「目覚めよ」とエネルギーをかき立てられるのは階級のはずだった。ところが郵便配達が間違えて民族に届けられてしまった。しかも、階級と言っても熱狂する人はあまりいないけれども、民族と言うとみんなが熱狂することになったと。

我々宗教人もこれと同じ幻想にとらわれます。本来は宗教という形で人々にもっと動いてほしいのに、何か配達の間違いがあってAKB48となるとみんな熱狂する。そこでなぜ宗教に燃えないんだろうということになる。しかし、こういうアプローチは間違っています。なぜ民族に人々が動かされてしまうのかを見ないといけません。

四番目は、ナショナリズムは先祖の血や土の力が再びあらわれたものだという見方。これはナチスの考え方です。それを肯定的に見るにせよ、否定的に見るにせよ、間違った見方だと言っています。

では一体ゲルナーは何を言いたいのか。『民族とナショナリズム』という本は、構成が完全に神学書の体裁をとっています。それはビザンティン神学に典型的に表われる、否定神学の体裁です。物事を「何々である」と説明をするのではなく、「これではない、あれでもない」という形で否定して、残余によって説明していく考え方です。仏教の伝統を引く皆さんにとっては、むしろわかりやすい考えだと思います。

言葉での説明には限界がある。それ自体に迷いがあるので、そこから出てくるすべては過ちである。しかし、その言語を通じて過ちを明確にし、さらにそれを徹底的に突き詰めていくことによって、言語活動を超越し、物事の実相をとらえていく。そこから禅という形の実践が出てきます。否定神学的な方向をおしすすめていけば、禅につながるものが出てきます。キリスト教の中にも、禅に関心を持って実践していこうとする神学者や神父さんや牧師さんがいます。それも、実はビザンティン神学の否定神学につながる根っこがあるからです。

この民族の問題というのは今、我々にとって抽象的な問題ではありません。もしかしたら日本国家が壊れるかもしれないぐらい深刻な民族問題を我々は抱えています。これが沖縄の問題です。

主権を回復した日本、切り捨てられた沖縄

二〇一二年五月一五日に、沖縄復帰四十周年式典が宜野湾市——普天間飛行場のあるところです——で行われました。鈴木宗男さんも参加しました。沖縄開発庁長官をやったことがありますから、招待されたんです。朝、鈴木さんから電話がかかってきて、「佐藤さん、今俺、沖縄なんだけれども、すごく静かだな」と言うんです。「静かとはどういうことですか。冷ややかだということですか」と聞くと、「うん。そのとおりだ。物すごく沖縄が冷たい感じがする」と。鈴木さんのブログ「ムネオの日記」というのがありますから、見ていただくと非常に正確な分析をしています。一五日の「ムネオの日記」です。

沖縄が復帰して四〇年、復帰というのは、もとに戻るということです。もとに戻るまでは異常な状態にありました。その異常な状態というのは、一九五二年に生じています。

一九四五年（昭和二十年）に我々は戦争に敗れました。沖縄はもう少し早く六月に敗れています。日本全体は八月に敗れました。敗れて連合国の占領下に置かれているということにおいて、沖縄と本土は平等でした。一九五一年にサンフランシスコ平和条約に署名します。そして一九五二年の四月二八日にサンフランシスコ平和条約が発効して日本は主権

を回復します。ところが、サンフランシスコ平和条約第三条で、「沖縄はアメリカの施政権下に入る」ということになるわけです。要するに、沖縄は日本から切り捨てられて憲法が存在しない状態になりました。法律も存在しない。そういう状況の中では、アメリカ人の交通事故や強姦殺人事件などが迷宮入りになってしまう。人権もない。土地も「銃剣とブルドーザー」によって強制収用されました。こういう状況のなかで、「我々の最低限の人間としての権利を確保するためには、少なくとも法律の支配のもとに入らないとだめだ」というのが復帰運動のポイントだったんです。つまり、復帰せざるを得なかったということです。その二〇年前、サンフランシスコ平和

Q サンフランシスコ平和条約と沖縄

第二次大戦後の一九四六年二月、奄美・沖縄などを含む北緯三〇度以南は、本土と行政分離され、米軍政府下に置かれました。

五二年四月二八日、サンフランシスコ平和条約が発効し、日本は主権を回復しますが、同条約第三条により、北緯二九度以南の奄美（五三年に返還）や沖縄の南西諸島については、米国の施政権下に置かれることが国際的に決定されます。

一九五〇年代からは、米国政府の出先機関である琉球列島米国民政府が、布令・布告を公布するなどして、新規に土地を接収し、米軍基地の建設が本格化しました。

本土復帰から四〇年以上経過した現在も、日本の面積の〇・六％を占めるにすぎない沖縄に米軍基地の七四％が集中しています。

条約発効による沖縄の切り捨てと復帰運動は一つのパッケージになっているわけです。それなのに復帰祝賀式典なんていうことをやるから沖縄の人はかちんと来るんです。

天皇神話に包摂されていない沖縄

しかも、沖縄は、歴史的に過去を振り返ると必ずしも日本ではありません。幕藩体制の中では明らかな異国です。太秦の映画村に行くと時々「水戸黄門」のロケをやっていました。「水戸黄門」の放映は終わってしまいましたが、水戸黄門は蝦夷や京都や鹿児島までは行っているけれども、琉球には行っていません。「水戸黄門琉球編」というのはないんです。TBSはやりたいと思ったんですが、沖縄のローカル局が無理だと言ったんです。「えいっ。この印籠が目にはいらぬか」と出したときに「何だ、こりゃ」ということになるからです。どう歴史的考証をしても、沖縄の普通の民衆が三つ葉葵を知っているはずはありません。それが一つの理由で、もう一つの理由は、まちの若い衆と助さん格さんがけんかをし、助さん格さんが勝つわけですが、沖縄の若い衆は琉球空手の達人になるわけで、どう考えても助さん格さんが勝てるはずがない。この二つの理由で拒否したわけです。ここまでは笑い話です。

ところが、水戸黄門の権力はどこから来ているのか。天下の副将軍ですから、それは将軍から来ています。ここで、京都の二条城のイメージを思い浮かべてみましょう。中へ入っていくと、二の丸御殿には、車寄側から遠侍、式台、大広間、蘇鉄の間、黒書院、白書院が雁行型に連なっています。その遠侍の勅使の間は二段畳が高くなったところがあって、解説では、将軍が低い方に座って朝廷からの勅使が高い方に座ると説明されています。すなわち水戸黄門の三つ葉葵の権力と権威の源泉は、朝廷から来ているわけです。それが効力を持たないということは幕藩体制において異国だということ、すなわち天皇神話に包摂されない領域だということなんです。ですから、水戸黄門が行けなかったというのは、実は非常に深刻な問題です。その意味において、沖縄は天皇神話に包摂されない日本だということなんです。

沖縄があるから日本は帝国

別の観点から見ますと、沖縄があるから日本は帝国なんです。天皇神話のもとで均質な文化で一様になっているのであれば、これはネーション・ステート（国民国家）です。しかし沖縄を抱える日本は、異質な領域を包摂しているから、ネーション・ステートではなく帝国なんです。

少子高齢化が進み、世界が帝国主義的な傾向を強めている中で、日本は帝国主義に転換しないと生き残れません。この帝国というのが、いいか悪いかは別として、日本は既に帝国だということは、沖縄を包摂していることにおいてあるわけです。沖縄との関係をうまく保っていけるならば、外国人がたくさん入ってきても恐れることはありません。並存して日本を発展させるような仕組みがつくれるはずです。沖縄は民族だという自己意識にはまだ至っていませんが、今、北海道のアイヌも民族的な自己意識を強めています。

天皇神話と易姓革命思想

沖縄とそれ以外の日本本土との違いは、ほかにもあります。あれだけ激しい沖縄戦を展開し、集団自決もあったのですが、アメリカが支配すると、すべてはアメリカの体制に入ってしまいました。琉球王国も一六〇九年に薩摩藩が入ってくると、その薩摩藩の支配体制の中に入ってしまいました。一八六八年に明治維新があり、一八七二年に琉球王国が琉球藩に再編されその琉球藩が廃止されて沖縄県になるのは一八七九年ですが、そのときにも、激しい抵抗運動は起きていません。なぜでしょうか。『易経』、あるいは孟子が教えるところの易姓革命思想が、沖縄にはそのまま入っているからです。天の意思が変わり、天に見放された権力者には従う必要はないという発想です。そういう易姓革命思想が沖縄にはあります。

日本の場合は、易姓革命思想をもつ人たちは比叡山にいました。たとえば天台座主《ざす》で『愚管抄』を書いた慈円です。彼は百王説を唱えています。今の朝廷は八十四代なので、あと十六代で百王になるから、日本も王朝交替があると言いました。反対に、一五〇年ぐらい後に出てきた北畠親房は『神皇正統記《じんのうしょうとうき》』の中で、大日本《おおやまと》は神の国であると言いました。中国のグローバルスタンダードである百王説は日本では適用されない。日本では王朝交替はないと。しかし、王朝、朝廷が全く変化していないわけではありません。たとえば武烈帝という天皇は相当残虐なことをしたので、天の意思が働いて全く別の流れから継体帝に替わったとみなして、これで南北朝の理論化をしています。これも変形された易姓革命思想です。戦後、日本で神道思想を組み立てて神社本庁をつくった葦津珍彦《うずひこ》は、日本でも易姓革命、放伐思想は適用されるけれども、それは限定的で、一つの王朝、朝廷の中での移動になると説明しています。これも天皇神話です。沖縄は、こういう神話が通用する勢力圏には包摂されていません。沖縄は、なぜこんなに面倒な状態になっているのでしょうか。

切り口が間違っているからです。

普天間問題の本質は沖縄差別

日本の面積の〇・六％の中に七四％の米軍基地があります。これは不平等です。「海兵隊は抑止力として重要であり、沖縄が地政学的に重要な位置にあるからだ」という説明には、あまり説得力がありません。というのも、一九五〇年代までは沖縄に海兵隊はいなかったからです。海兵隊は、もともと山梨と岐阜にいました。ところが本土での反対運動があまりにもひどくなり、本土に駐留するのは面倒になってきたので、憲法や法による縛りがない無法地帯の沖縄へ移したんです。

この不平等な状態に対して、「過去の経緯があるから我々は文句を言ってはいけないいんだ」と沖縄は思っていました。ところが鳩山由紀夫総理が出てきて「いいんだよ。基地は少なくとも県外という形で、君たち沖縄はもっと思っていることを言っていいんだよ」と言ったわけなんです。ですから、鳩山さんは沖縄ではいまだにそんなに評判は悪くありません。二〇一二年五月一五日、鳩山さんは沖縄を訪問しました。朝日新聞では「迷惑をかけて済まなかった」と謝ったと報道していますが、琉球新報では「やっぱり県外に出すのが一番正しい、今でもそう信じている」と語ったと報じています。

しかし、問題は、なぜ辺野古に戻ったかです。他の都道府県はなぜ海兵隊を受け入れないのか。地元が反対しているから、と言いますが、沖縄も反対しています。なぜ沖縄は反対しているのに受け入れなければならないのか。これは差別ではないか、ということになります。

それから、石原慎太郎東京都知事が尖閣を購入すると言ったことに対しても、沖縄は非常に冷ややかでした。普天間問題の本質は、沖縄に対する差別の問題です。沖縄の運命にかかわる問題であるにもかかわらず、東京の中央政府とアメリカが勝手に決めてそれを押しつけるという構造になっています。尖閣も沖縄県の尖閣です。ところが、国と東京都でその運命を決めようとしています。仮に東京都が尖閣に何か施設をつくったら、中国は黙っていません。紛争になって戦争に巻き込まれるのは沖縄です。こういう発想は沖縄を完全に無視しています。そもそも尖閣については、一九五二年に日本は一度、実質的に放棄しています。施政権を放棄してアメリカに渡しました。これで本当に尖閣を守っていたと言えるのでしょうか。沖縄は常に尖閣と一緒にあります。

宮古島以南を切り捨てようとした日本

もっと面倒な問題があります。郷土史の時間で勉強するので沖縄の人たちは知っていることですが、一八七一年、明治維新の三年後の時点では、まだ琉球王国がありました。このとき、宮古島から首里に年貢を納めて那覇港から帰る船が難破して、台湾に流れ着きます。当時の台湾の先住民たちは、悪いことはみんな外部から来るという宗教的な信念を持っていました。

ちなみに、極楽浄土という発想は沖縄では希薄です。沖縄にはニライカナイ信仰というものがあります。ニライカナイは、水平線の先、海の向こうにあります。あるいはオボツカグラ信仰というのもあって、オボツカグラは、上方にあり、良いことも悪いこともみなそこから来るとされています。沖縄には、ユタという占い師のような人たちが今でもいます。何かを相談するのでもなく、問題や悩みを打ち明けるのでもなく、ただ普通に話をする。話をしているうちに、祖先のどこに問題があり、どうすれば問題が解決するかということがわかると同時に、新たに問題を抱え込むこともあります。沖縄の考え方で特徴的なのは、両義的だということです。遠くから良いことも来れば悪いことも来るという発想です。

台湾の先住民たちもおそらくそれに近い発想のはずで、悪いものが来たということで五四人の宮古島の島民の首を切ってしまうんです。一二人は助かって、当時、福建省にあった琉球館から宮古島に戻ります。琉球王国政府としては、人道的な配慮をして、我々の同胞を助けて送り届けてくれたことに感謝するという対応でした。ところが日本政府は、「我が国民に対して危害を加えた」として中国政府に謝罪と賠償を要求したんです。それに対し、清国の政府は、「台湾は化外《けがい》の地で文明が及ばない地域だから責任はとれない」と言いました。琉球王国は反対したんですが、日本は「それならば軍事的に解決する」として、西郷従道——西郷隆盛の弟です——を派

Q 琉球処分

琉球藩設置から分島問題の終結までの、琉球・沖縄の日本への統合過程のこと。

一八七二年（明治五年）、明治政府は、「琉球国」を廃して「琉球藩」とし、琉球国と清国との冊封関係を絶ち、明治の年号使用と藩王の上京を要求しましたが、拒否されたため、七九年三月に処分官・松田道之を派遣し、武力的威圧のもとで廃藩置県を布達し、首里城明け渡しを命じました。ここで、事実上、琉球王国は滅び、「沖縄県」となりました。

その後の外交交渉で、清国内での通商権を得るため、日本側から宮古島以南の清国への割譲が提案されましたが、最終的に清国が拒否します。ここで、琉球に対する日本の領有権が確定しました。

遣して台湾征伐をしました。それで中国から賠償を受けます。

問題はその後です。中国との関係を安定化させたいので、日本は一八八〇年に分島増約というものを中国との間で結ぼうとします。日本は、一八七一年に日清修好条規という平等な条約を結び、中国との国交関係を樹立していました。ところが、これだと欧米列強のような最恵国待遇は手にできていませんでした。そこで日本は、最恵国待遇を確保するために宮古島、石垣島、西表島、与那国島の四島を中国に割譲するという提案をするんです。中国はとりあえず合意しましたが、あまりに中国にとって不利だということで署名はしませんでした。その結果、宮古島から与那国島までが日本領として残りました。この石垣の附属諸島として尖閣諸島があります。分島増約ができたときには、まだ尖閣は日本に正式に帰属する手続を取っていませんでした。しかし、そもそも日本政府が宮古島以南を切り捨てようとしたとき、その切り捨てられる領域の中に尖閣が入っていたのです。

そうすると、宮古島の島民五四人が殺されて、その権利を守るために台湾と戦争したときの日本政府に正当性はあったのでしょうか。このことは郷土史で習うので、多くの沖縄県民がこの事実を知っています。しかし、かつて日本政府が宮古島を清国に譲り渡そうとしたことは、沖縄以外のほとんどの日本国民は知らないでしょう。歴史的事実というのはそういうものです。どの歴史的事実を取ってどうつなぐか。私たちをコケにする人たちと一緒にいたっていいことはないと沖縄は思い始めています。これはまずいことです。

国際条約の主体だった琉球王国

しかも、もっとまずいことがあるんです。ペリーが浦賀に来たのは一八五三年です。その翌年に日米和親条約を結びました。日米和親条約の原本はアメリカにはありますが、日本にはありません。江戸時代の末期に江戸城に火事があり、そのときに文書庫が焼けてしまったからです。ですから、江戸末期に日本が外国と結んだ条約の原本は残っていません。今、東京・麻布台の外交史料館にある日米和親条約の文書はレプリカです。

外務省のホームページにも出ていますが、それとは別に、日米関係のあけぼのを示すもう一つの外交文書があります。琉米修好条約というものです。ペリーが浦賀から帰るときに、那覇で琉球王国と条約を結んでいるのです。ペリーはこのときに沖縄の海の測量をしています。このときの海図をもとにして、一九四五年四月一日、米軍は嘉手納《かでな》湾に上陸するのです。

この琉米修好条約に加えて、一八五五年には琉仏修好条約、さらに一八五九年には琉蘭修好条約というように琉球王国は三つの国際条約を締結しています。要するに、琉球は、国際法の主体だったんです。ですから、一八七九年に琉球処分を行うときに、明治政府は慌ててこの条約文書を東京に持ってきました。そして琉球王を拉致して東京に連れて来ました。ところが沖縄にはさっき言ったように易姓革命思想がありますから、そんな弱い王様は天命から見放されているからだということで、みんなその王様のことを忘れてしまったんです。

ですから今、沖縄の人たちは、王様のことは思い出さないけれども、再び琉球処分のことを思い出しています。出版の世界でも珍しいことですが、二〇一〇年に、一九六〇年代の半ばぐらいに出た、沖縄で最初に芥川賞をとった大城立裕さんの『小説　琉球処分』という小説が三八年ぶりに文庫（講談社文庫）になり、四万五〇〇〇部売れたんです。そのうちの七割以上、三万五〇〇〇部ぐらいが沖縄で売れています。沖縄の人口は一四〇万人ですから、沖縄の中では、村上春樹さんの『１Ｑ８４』と同じぐらいの比率で読まれているベストセラーということになります。

これから起りうる深刻な問題は、沖縄の独立運動が新たに起きるということではなく、「よく考えてみたら我々はもともと独立国だった、国際社会もそれを承認していた、三つの国際条約も結んでいた。それなのになぜその国際条約文書が東京にあるんだ」というようになることです。こうなると、三年ぐらいで分離独立が現実になってしまいます。

尖閣のガス田と沖縄の分離独立

沖縄の排他的経済水域圏は東京に次いで広く、そこに入ってくる船から入漁料を取ることもできます。そして今、尖閣諸島でガス田の開発が行われています。このガスが出てくるようになると、クウェートやノルウェーのような国になることも可能です。

ノルウェーは豊かで、短時間労働も実現していますが、なぜでしょうか。人口わずか五〇〇万人しかいませんが、イギリスとの間で北海油田の権利を半分持っているからです。要するに産油国なんです。そのオイルマネーで食べているのがノルウェーです。

沖縄の人口は一四〇万人しかないから独立できないだろうという議論がありますが、一四〇万人以下で国連に加盟している独立国は四〇カ国以上あります。尖閣問題は、日本にとってはたいへん深刻な沖縄の分離独立をもたらす可能性があるわけです。だから日本は、これまで尖閣問題をあいまいにして、尖閣のガス田の開発や石油の開発を本格的に行ってきませんでした。あえて距離を置いているんです。それは、あそこから石油やガスがざくざく出てきたらどうなるかわかっているからです。

こういうときに歴史の記憶というのが重要になってきます。一六〇九年の薩摩藩の琉球入り。ちなみに薩摩藩の琉球入りについては近年、沖縄で出た本は「琉日戦争」と表記しています（上里隆史『琉日戦争一六〇九』ボーダーインク、二〇〇九年）。あれは日本との戦争だという認識です。それから第二次大戦中の日本軍、アメリカ人も沖縄人を殺しています。ところが中国は一度も攻めてきたことがありません。中国の国家行為として沖縄の領域で殺された沖縄人は一人もいない。これが歴史的事実です。こういう歴史の記憶がこれからどういう意味をもってくるのか。

宗教と貨幣

さて、こういうことが日本の抱えている問題なんですけれども、ここで、人々をどう結びつけるかということで、目に見えない領域、宗教がとても重要になってくるんです。

もっとも強い宗教というのは慣習の形であらわれると言いましたが、貨幣というのも宗教と深く関わっています。貨幣も人間と人間の関係から生じるものです。人間は金のために人殺しをする。借金を背負って自殺したりする。しかし、一万円札を刷るのにかかるのは、約二二円です。ではどうしてそういうものが一万円として使えるのか。それは、人間と人間の関係の中でそういうものだと思われているからです。貨幣がどうして力を持つのかという構造についての研究を近代経済学は全くやりません。それをやったのはマルクス経済学であり、『資本論』です。

しかも貨幣というのは面倒なものです。国家の論理とも似ていますが、貨幣は死なない。論理的にずっと存在し続けます。ちなみに人間の細胞というのは、どんどん消滅して新しいものが生まれ変わっています。それこそ阿毘達磨《あびだつま》のように、因果の結びつきで新しいものが瞬時にして生まれ、瞬時にして滅していくという感じです。ところががん細胞だけは死にません。本体が死ぬまで増殖し続けます。貨幣は、このがん細胞に似ています。ちなみに、それと同じようなモデルで原発を考えたのが、以前この講座にこられた中沢新一さんです。原子力というのは一種の死なないエネルギーで、構成としては貨幣と同じだという形で、『資本論』の論理から原発を分析しています。

我々は死ぬでしょう。そうすると、死なないモデルで有限な我々について考えるというのには無理がある。この無理の問題を一生懸命いろんな人が考えようとしています。私は、マルクス主義哲学の分野で、仏教の影響を強く受けながら、フッサールなどをつかってこの問題を解明しようとした廣松渉さんのアプローチが重要だと思っています。彼は、『世界の共同主観的存在構造』（一九七二年）、『事的世界観への前哨』（一九七五年）、未完に終わりましたけれども、最後の『存在と意味』（一九八二―九三年）といった本を出しています。仏教の伝統を踏まえた上で、物事は実体的にではなく、すべては関係からできているとし、その関係も項と項を立てるという実体主義的ではない方法でとらえていくというアプローチです。

キリスト教の側から見ても、マルクス主義が考えたことや、現象学やユング派の心理学のように、仏教の影響を受けながら展開される現代思想の持つ意味は大きいと思います。我々は仏教的な土壌の中で思索しているから自分の姿はなかなか見えにくい。それだけに、逆に異質な領域にいる人たちのほうがよく見えることがあります。キリスト教世界の中で神学的な業績からは見えないことが、キリスト教文化圏の外側にいる人間には見える場合がある。たとえばカール・バルトなどは、むしろヨーロッパでは忘れ去られているような状況ですけれども、私にはとても意味があるように思えます。

近代の袋小路を突破しようとするキリスト教

カール・バルトは『ローマ書』という本を一九一九年に書きます。これは新約聖書の『ローマの信徒への手紙』に対する解説です。これによってそれまでの近代神学は全部ひっくり返ってしまいました。その根底にあるのは、第一次世界大戦のインパクトをバルトが真剣に受けとめたということです。

理性によって科学技術を発展させれば、人間の質は向上する。科学技術の成果を得て、人間は幸せに豊かに暮らすことができる。理性の力によって、戦争も止めることができる。こういう啓蒙思想は、第一次世界大戦という未曾有の大量虐殺、大量破壊によって裏切られることになりました。戦車、飛行機、毒ガスといった科学技術の成果が、最大限、戦争に利用されたわけです。人間というものは決して信頼できない。バルトは、もう一度そこで考えなおしました。

そのポイントは、神学の言葉で言えば、「不可能の可能性に挑む」ということです。人間は神ではない。しかし、人間が神になれると勘違いしたのが宗教だ。だから人間は宗教というものを徹底的に批判していかなければならない。人間は、自分が手に触れることができる世界の外側について、どうしても考えてしまう。そこで重要なのは、人間が神について語ることはやめて、神が人間について語ることに謙虚に耳を傾けることだ。そして牧師という立場にいる人は、説教壇の上から神の言葉を語るように努力せよ。それは不可能なことかもしれないが、不可能の可能性に挑めと。

これは別の言い方をすると、天才の時代が終わって使徒の時代に帰れということです。使徒というのは、イエスに従っていたペトロやパウロのような人たちです。天才というのは、自分の中にある力、特別な力を外に出していくという、中から外へのベクトルをもっています。これに対して使徒というのは、その人自身には何の力もない弱い人です。たとえばパウロのように、最初はイエス・キリストを信じる人間を弾圧していた罪の塊みたいな人です。それが、キリスト教徒を捕まえようと、シリアのダマスカスに向かう途中で突然光に打たれて、目が見えなくなる。そこでキリストと出会い、全く別の人生を歩み出す。それは、自分の外にある超越的な声に耳を傾けるようになる、ということです。その意味において、使徒というのは、外の声に耳を傾ける、自分をむなしくしてあくまでも神に従っていく人なんです。こういう方向において、キリスト教は近代の袋小路を突破しようとしたのです。

いずれにせよ、バルトの立場でも、仏教の立場でも、共通して言えることは、言葉の重要性です。それは、逆説的な意味での言葉の重要性です。言葉は信用できない。それは人間の営みですから、迷いは言葉から生じてくる。しかし、人間にはその言葉しかない。その言葉には沈黙も含まれます。「黙する時、語る時」。これは旧約聖書の『コヘレトの言葉(伝道の書)』にあります。そのタイミングが重要だということです。それによって不可能の可能性に挑んでいく。それを我らの救済につなげていく、ということです。

質疑応答

【質問者1】琉球は琉球であるわけですから、必ずしも日本に帰属する必要はないということですが、四〇年前は中国の力は全くなかったわけですから、独立の可能性はあったかもしれないけれども、今の時点にたてば、その可能性は大変薄いんではないかと思うのですが。

その御意見は、基本的には、今の外務官僚や沖縄問題に精通していない政府関係者あるいは自民党と同じ意見ですが、これは、歴史のダイナミズムに対する見方の問題なんです。たとえばバルト三国は、一九三九年にナチスドイツとソ連が締結したモロトフ＝リッベントロップ協定（独ソ不可侵条約）の秘密議定書によって併合されたのですが、「これは不当だ」と、バルト諸国の亡命政権はずっと言っていたわけです。亡命政権は公使館をワシントンやロンドンに持っていましたが、だれも相手にしませんでした。しかし、ある歴史のめぐり合わせによって、独立が実現したわけです。

たとえばアメリカが沖縄を占領したときも、「琉球人」と「日本人」を別民族と位置づけました。収容所も違った。すでに沖縄戦の途中で、北緯三〇度線を区分の境にするということが決められていました。今後は、アメリカが帝国主義的な再編の中で、中国とアメリカの関係の中で日本をどう位置づけるかということが重要になってきます。日本よりも中国との関係を重視した場合には、沖縄を緩衝地帯とし、アメリカの基地を維持できるとすれば、日本から切り離すというシナリオも十分あると思います。ですから、「四〇年も前に沖縄復帰が実現したのだから、沖縄は日本の固有の領土として維持できる」という前提は成り立たないと考えたほうがいいと思います。

【質問者2】

バルト三国に関しては、ソ連邦の崩壊という外部要因があったからこそ、自立できたのではないですか。

もちろんパワー・バランスの問題でもあります。たとえばカレリアは独立できませんでした。カレリアというのは、もともとバルト諸国と同じ扱いで、ロシアの中の共和国としてフィンランドと国境を接しています。カレリアは、もともとフィンランド民族の発祥の地でしたが、ソ連とフィンランドの戦争でソ連に割譲されました。では、どうして独立できなかったのか。あるいはフィンランドと併合することができなかったのか。モルダヴィアは独立国としてモルドバ共和国になりましたけれども、モルダヴィア人というのは、もともと存在しない民族でした。言葉はほぼルーマニア語で、ほぼルーマニア人です。ところがモルダヴィア人がモルダヴィア人として独立したのは、主体的に自分たちで国をつくっていきたいという気持ちが強かったからです。それに対し、カレリアの場合は、ロシアの中にとどまりたいという気持ちのほうが強かった。というのは、カレリアに残ったフィンランド人というのは共産主義者でしたから、反共国家のフィンランドと一緒になりたくはなかったからです。ですから、国際的なパワー・バランスもあるんですが、バルトのロシア人、エストニア人、ラトビア人、リトアニア人が別の選択をして、ロシアにとどまった可能性もあったと思います。

パワー・バランスということで、今、何が起きているかというと、中国の力が強くなる、アメリカの力が弱くなる、日本の力が弱くなることで空白が生じ、今の南西諸島に影響を与えつつあるということです。どうなるかは非常に流動的です。ただ、私は逆に沖縄は独立しないほうがいいと思っています。バルトに関しても、独立した結果、普通のバルト人の生活が幸せになっているかというと、これはあまりそうではないと思うんです。

【質問者3】

一、沖縄の分離独立については、その流れがあまりあるようには見えないんですが、そういう動きが出てくる条件は、どういうものでしょうか。

二、宗教、慣習、習俗ということに関して、もう少しお話し下さい。

三、民族、ネーション、帝国という概念についても、もう少し詳しく説明をお願いします。

まず、分離独立のリーダーというのは、環境がつくっていくものです。リーダーは、おそらく保守陣営から出てくると思います。今まで沖縄は、保守と革新の対立図式がありました。どちらかというと、人権であるとか反基地というのは、革新勢力が強く主張しました。それに対して保守勢力は、経済振興という形で、沖縄への補助金を得ることによって適当におさめようという形でまとめていました。しかし、それがもうきかなくなったわけです。

仲井眞弘多《ひろかず》知事の場合は、出自が非常に特殊です。琉球王国時代の外交・安全保障問題はお雇い中国人がやっていました。その中国人は、明朝の遺臣です。清ではなく明なんです。琉球王朝時代の那覇に久米村《くにんだ》という村がありまして、そこには平民がいなくて、久米三十六姓といって全員が明から渡来したとされる職能集団や琉球士族の村でした。ちなみに沖縄の場合は、王族と士族と百姓しかいません。百姓の中に農民も漁民も商工業人も入っています。仲井眞さんというのは久米三十六姓の末裔で、久米村人《くにんだんちゅ》としての自己意識を持っている人です。その意味においては、非常に特別な人が、今、沖縄のリーダーになっているということです。

さらに翁長雄志《おながたけし》那覇市長は、仲井眞さん以上に沖縄ナショナリズムを体現しています。こういう沖縄の保守陣営の政治エリートから、沖縄の主権強化に向けた動きがでてくると私は見ています。

二番目の宗教、慣習、習俗、これをどうとらえていくかというのは、難しい問題です。

この前の日曜日に私は突然思い立って、家内と一緒に秩父に行ったのですが、秩父の札所のうちの四番の金昌寺と、三峯神社に行ってきました。私は、時々、吉野にも行きます。秩父も、吉野も、神仏混淆時代の、廃仏毀釈《はいぶつきしゃく》が行われる以前の仏教の形が残っています。特に秩父は寺社奉行の管轄下ですから、江戸時代においても、ほとんど江戸幕府の権力が及ばなかったところです。秩父三十四札所も三分の一ぐらいは住職さんがいない状態になっていますが、秩父ではいいかげんな形での廃仏毀釈しかありませんでしたので、建築の様式にしても、神仏が混淆していたころの日本のあり方が結構残っています。

廃仏毀釈以降の仏教のあり方というのは、日本に仏教が土着化して、完全に生活の中に入っている状態になっています。葬式仏教という言われ方をしますが、前に申し上げましたように、宗教は葬式をすることで強くなる。どの宗教で自分を看取ってほしいかというときに仏教を選ぶ。それは仏教が生きているからです。非常に人為的に不思議な形で国家神道というものをつくってしまいましたから、それによって枯れてしまった霊性の回復がこれから起きてくるのではないでしょうか。これから、日本の仏教の再生の中で廃仏毀釈以前の仏教のあり方に戻るということが、出てくるのではないかと思います。しかし、それは過去にそのまま戻るということではありません。

廃仏毀釈は、世界的規模で見ても考えられないほど激しい形の宗教弾圧でした。しかし、その宗教弾圧を耐え抜いて、仏教は生活の中に生きている。キリスト教もそうなんですが、そういうものの力を感じます。

三番目のご質問について。「ネーション」というのは、日本語では「民族」と訳されます。「エスニック」という場合の「民族」とはだいぶ異なります。文化的あるいは習慣として同じものが一つになっていくというのは、これはむしろエスニックで、エスノセントリズム（自民族中心主義）は、エスノクレンジング（民族浄化）につながっていくわけです。それに対して、ネーションには政治の要素があります。

たとえばネーションにおいては、やはり国家への帰属意識が中心となります。そこで言語が大きな要素になります。日本語を完全に操ることができるならば、帰化人であっても、日本人として遜色ない形で扱われます。

私も非常に親しくしていますけれども、外務省出身の東郷和彦さんという元オランダ大使がいます（現・京都産業大学世界問題研究所所長）。ロシア専門家として有名な人です。彼のおじいさんは東郷茂徳という外務大臣で、A級戦犯として今は靖国神社に祭られています。東郷家は靖国神社から外してもらっても構わないという考え方です。この東郷茂徳は、開戦時の外務大臣で、東條英機さんとぶつかって辞任し、終戦のときに、鈴木貫太郎内閣に呼ばれて再び外務大臣となった人です。戦争を始めたときと終わるときの外務大臣で、A級戦犯ということになり、禁錮刑になって、結局、獄中死します。

しかし、この人は明治の中期までは朴という名前でした。豊臣秀吉が加藤清正や小西行長らを朝鮮半島に出兵させて、戻ってくるときに島津義弘が連れてきた陶工の末裔で、鹿児島県にある、陶器をつくる沈壽官《ちんじゅかん》さんたちのいる朝鮮集落の出身です。朝鮮集落の出身で大学にも遅れて入り、外務省にもかなり年をとって入った人です。ただ、日本の外務大臣になったということからも明らかなように、日本に完全に帰化・同化した外国人は、その出自は問われませんでした。天皇の御召艦の艦長をやった漢那憲和《かんなけんわ》という沖縄出身の人もいます。この人も、そういう意味では、沖縄から来て海軍の中枢に入っていった人です。

ですから、ネーション、帝国、さらにエスノクレンジングをやるような偏狭な形での排外主義的な国家というのは、実は、その境界線が物すごくあいまいです。虹のスペクトルみたいになっています。ですから、日本も、下手をすると偏狭な国家になってしまいますが、反対に、外に開かれた国になる可能性もあります。ただ、いずれにせよ、帝国というのは、ばらばらで、まだらな領域がある、ということです。文化も秩序も違う様々な領域を維持していくことが、これから国際的なトレンドになっていくと思います。EUも、本質は帝国です。ギリシャとドイツとフランスでは文化が全然違います。歴史的な伝統も違います。それがとりあえず同じ枠の中にある。それからTPPも、アメリカの広域帝国主義政策です。またロシアも、ユーラシア同盟をつくっていくという帝国主義政策を行っています。

いずれにせよ、そこでは、多様性の中の一致ということが要請されるようになります。そのときに仏教の果たす機能は大きいと思います。仏教というのは、実は広がりをもっているからです。ロシアを考える場合においても、あの広大なロシアの中のブリヤート、トゥヴァ、さらに西のほうに行ってカスピ海沿岸のカルムイキアは、仏教徒たちの国です。それと同時にサンクトペテルブルクやモスクワにも今、寺院ができています。これはブリヤートの伝統的なウラン・ウデのチベット仏教寺院の出先という形ですが、その中において知識人の仏教徒が増えています。こういうネットワークがこれから生きてくると思います。

【質問者4】ロシアでは今、共産党の立ち位置はどうなのか、国民の意識はどうなのか。今後、共産党の再生はあるのでしょうか。

ロシアの共産党というのは強いです。そしてこれは、マルクス主義とほとんど関係がありません。

ソ連の共産党は、結構早い時期にマルクス主義の影響から離脱しています。一九三〇年に権力を握るときに、スターリンは、道標転換派の人たちを国に呼び戻しました。

一九〇五年にロシアの第一次革命、つまり日露戦争に負けかけたのでロシアで革命が起きるんですが、そのときに左翼だった人たちが、『道標転換』という雑誌をつくって全面的に政治的態度を変更しました。要するに転向派です。これまでの左翼運動は、人間の問題、社会の問題をすべて社会構造のせいにしていたけれども、そういう社会をつくり出しているのは人間ではないのか。人間に罪があるから、さまざまな問題が起こる。社会主義運動は社会構造さえ変えれば世の中がよくなると思っているけれども、人間はもっと性悪なものだから、人間の本性、罪をとらえないといけないと主張したのです。教会や王室には伝統というものがあり、その中に理屈では説明できない叡智があるという考え方で、ロシアの保守思想をつくり出したグループです。

一九二〇年代の終わりに、道標派の一部の人たちが「道標転換」ということを言い出して、ソビエトは共産主義によって成り立っていて、この共産主義はよくないが、それは同時にロシアの帝国主義であって愛国主義でもあり、この面は評価できるから、我々はマルクス主義、共産主義は支持しないけれども、ソビエトは支持しよう、ということで、帰国運動を始めました。これによってかなりの数の知識人が戻るわけです。そこから生まれてくるのが、「ロシアは、ヨーロッパとアジアの双方にまたがる独自の帝国、ユーラシア帝国だ」というユーラシア主義です。この考え方は、一九七〇年代には、ナショナル・ボリシェヴィズム、すなわち共産党型、ボリシェヴィキ型なんだけれども、同時に民族主義的で、宗教を除いた形での偉大なロシアというものを賞賛しようという流れにつながりました。実は、今のロシア共産党というのは、その流れに近いのです。

ですから、プーチンと共産党の間にどれぐらいの違いがあるのか、ということになると、共産党のほうが年配者が多いということと、スターリンに対する郷愁があります。スターリンは、ナショナル・ボリシェヴィズムで、道標転換に近かった。プーチンは、スターリンに関しては非常に冷めていますし、このスターリン時代はよくないという感覚です。歴史認識にちょっとした違いがあります。

【質問者5】

プーチンが就任式の前にさまざまな宗教家に会ったということでしたが、それはどういう背景を持った人で、どれくらいの影響力があるのか。あるいは、そのほかの宗教指導者についても、お教えいただきたい。

プロテスタントに関しては、その場に来ていたのは、バプテスト派、福音主義キリスト教派、日本でいいますとペンテコステ派、さらにセブンスデー・アドベンチスト、こういう人たちです。

実は、ロシアにプロテスタントが最初に入ってきたのは結構古くて、十七世紀です。オランダとドイツが中心ですが、当時の国教会の流れ、ルター派やカルバン派と一緒にやっていけない、兵役拒否、絶対平和主義の人たち、バプテスト派やメノナイト派です。ソ連時代でも三〇〇万人ぐらいいました。日本のキリスト教徒は、全部合わせても、一〇〇万人ぐらいで、実際に教会に常時行っているのは二〇万人ぐらいでしょうから、それと比べると、一〇倍以上の力があったわけです。

それ以外の宗教の代表として、ロシア正教、ロシア正教会から分かれた分離派というのがあります。十七世紀後半に、ロシア正教会の中で教会改革が行われるのですが、そのときに旧来の儀式を守っていたグループです。たとえばロシア正教では、十字を三本で切ります。これはギリシャのビザンティン（ギリシャ正教会）方式です。ところが、ロシアはもとは二本で切っていました。最後まで十字を二本で切ることに固執したグループの指導者にアバクームという人がいたんですけれども、捕まって火あぶりにされます。この流れを引く正教徒が分離派です。

『罪と罰』を読まれた人は、主人公の青年がラスコーリニコフという名前だということを覚えていると思います。長い名前ですが、「ラスコール」というのは「分離」という意味で、「ラスコーリニコフ」というのは「ラスコーリニキ」すなわち「分離派」に引っかけた命名なんです。ところがロシアの体制に取り込まれなかった分離派の人たちは、逆にロシアに資本主義をもたらす中心になります。ちょうど西側でプロテスタントが果たした役割をロシアでは分離派が果たすわけです。その分離派の財閥の中でとくに有名なのがマローゾフ財閥。「マロース」というのは「極寒」という意味です。このマローゾフ財閥のうち、逃げた一人が神戸に居を構えて菓子のモロゾフをつくるわけです。あのモロゾフというのは、ボリシェヴィキ政権、共産党政権に追われた分離派系のロシアの財閥なんです。

その他の宗教の代表としては、ユダヤ教、カザン（タタルスタン共和国首都）に中心を持つイスラーム教、コーカサスに拠点を持つイスラーム教の人たちが伝統宗教の代表者として招かれました。大統領の就任台に非常に近いところに、こうした宗教代表たちがみんな並んでいました。この宗教代表たちに祝福される、ということが、プーチンにとっては大統領になるためにとても重要だったわけです。

ちなみに、アメリカの大統領は聖書に手を置いて宣誓します。アメリカの大統領は「神」という言葉を使います。「キリスト」とは言いません。キリストと言うと、ユダヤ教徒、イスラーム教徒を排除してしまうからです。ユダヤ教徒も、イスラーム教徒も、同じ神を信じているという建前になっていますから、神と言っている分には構わないんです。

それからイスラーム教も、キリスト教、ユダヤ教の聖書の一部を認めています。ただ、その聖書は、キリスト教徒、ユダヤ教徒によって歪曲されている、本当に正しいことを書いているのはコーランだけだと言うんですが、啓典の民ということで、旧約聖書と新約聖書の一部を認めています。そこで折り合いをつけているわけです。

これは前にも話しましたけれども、アメリカで強い影響力があるのはユニテリアンというグループです。このユニテリアンというのは教派横断的にいるんです。カルバン派やルター派にはあまりいませんが、バプテスト派やメソジスト派の中にはいるんです。ユニテリアンの特徴はイエス・キリストは偉大な教師であって、我々の模範となる偉大な人間であるけれども神の子ではないということで、神の子であるということを否定しているのです。このユニテリアンの考え方だとユダヤ教ともイスラーム教とも折り合いをつけることができるわけです。アメリカの宗教学者のロバート・ベラーは「市民宗教」という言い方をしています。

【質問者6】

相国寺派にも、沖縄に仏教寺院を建ててそこで布教しようという僧侶がいますが、沖縄の宗教というのは独特なものがあり、なかなか難しいだろうなと思うんです。その沖縄で今後、布教活動をする上で、どういうことに留意すればよいでしょうか。

沖縄と仏教の関係において禅宗は大きい影響を与えています。少し時代が下がってくると、浄土真宗の影響が強くなりますが、浄土真宗は、琉球王国ではかなり厳しく禁止されていました。禅思想を通じてのやりとりは文献に残っていて、機会があれば文献を紹介したいと思います。

沖縄で一番面倒なのは祖先崇拝です。戒名がないので俗名のままなのですが、位牌をトートーメーと言います。それが家督相続の形になっていて、長子相続で、男にしか相続させません。そして門中《ムンチュー》というのをつくって、厳しい掟があります。清明祭《シーミー》というものがあり、中国と同じで、墓の前に行って、祖先の霊を迎え、一緒にみんなで飲み食いをします。仏壇に供えるのも刺身や豚の三枚肉のあばら肉を煮たものとか、生臭いものばかりをたくさん供えるのです。こういう習慣があるので、なかなか日本の仏教的な習俗となじみにくいところがあります。しかし、逆に、沖縄のそういう習俗とうまく折り合いをつければ、仏教は非常に伸びると思います。折り合いをつけるのに成功したのは創価学会でしょう。

沖縄創価学会は、大変力を持っています。東京の創価学会が自公路線でいっても、沖縄の創価学会は、平和運動の方向では、特に婦人部なんかが強いですから、大田昌秀元知事を支持したり、統制に服さないようなところもあります。

私ももっと調べたいと思いますが、禅宗の歴史のなかで、日沖和解、琉米コミュニケーション、琉日中あるいは朝鮮半島、この全体をカバーする禅僧のネットワークが持っていた知識や情報は、実は、たいへん重要なものです。

今後、朝鮮半島、中国、日本、沖縄の間に不必要な軋轢《あつれき》や対立が生じるのを防ぐために、禅宗・禅僧の果たした役割をもう一度見直すことに重要なヒントが隠されているのではないかと思います。

第四講　すべては死から始まる

宗教をもつのは人間だけ

今回のテーマは、「国家と宗教」です。宗教の話ではなく、国家や社会の話が中心になります。ただ全体の総括で、逆説的ではありますが、国家というものを見詰めると宗教がいかに重要で必要かということが見えてきます。なぜ相国寺でこのような連続セミナーが開催されるのか。そして私のような検察庁に御厄介になった人間を躊躇することなく講師として呼ばれたのか。かつて古都税が導入されそうになったときに、京都仏教会は本気で抵抗されました。これは金銭のレベルの話ではありません。国家を考えるときに、実は、基本になるのは中間団体の問題です。それは民主主義の問題でもあります。

私は、今回の連続講座で、いろいろなお話を皆さんと交わすことを通じて、「ああ、こういうことなのか。これが民主主義なのか」と思いました。そのことを最後に締めくくりとしてお話しします。

今回の大きな柱は三つです。一つは国家と社会、二番目は現代産業社会における国家、そして三番目に中間団体としての仏教教団です。

まず国家と社会について。宗教は、国家が生まれるより前にありました。しかし、人間の集団である社会というものができる前には宗教はなかった。人間の集団としての宗教と社会というのは、入り口から関係しています。死の問題と関係しているのです。

最近、サル学の研究が進んでいます。特に京都大学を中心に進んでいて、世界でも京都は、サルの研究では頂点にあります。チンパンジーというのは、仲間が死ぬと悲しむという感情を持っていて、アフリカのチンパンジーは、葬儀に似た儀式をするのだそうです。「死を考えることができるのは人間だけだ」というのは、ちょっと違うのではないかという説が出てきています。さらに、言葉の問題があります。人間の特徴は言葉を話すということにあります。けれども、実は言葉からさまざまなトラブルが生じます。チンパンジーの一部も、言葉をしゃべるという実証研究も出ています。そういう意味では、死を考え、言葉をしゃべるというのは、人間だけの特権ではないのかもしれません。

しかし、宗教という意識の段階にまで結び合わせていく力というのは、今のところ他の動物には見られません。これはおそらく人間だけの特徴と考えてよいと思います。そうすると、人間の社会というのは、確かに発展していると考えられるわけです。

人類はどう発展してきたのか?

私は一九六〇年生まれです。私が小学校、中学校、高校のころまでの社会の教科書には、まず原始共産制があり、私有財産は存在していなかったのが、その後、奴隷制、封建制があって、資本主義社会へ移行するというように、社会は段階を踏んで発展していると説明されていました。

歴史の実証的な研究によって現在では完全に否定されていますが、こういう見方は、マルクス、エンゲルス、レーニン、スターリンを経て、マルクス・レーニン主義、ソ連型の歴史発展観である唯物史観に立っています。ソ連型の唯物史観の場合には、その先に社会主義社会、さらにその先に共産主義社会が続きます。しかし、これは一つの作業仮説であって、歴史実証性からは証明できない。そもそも「人間が出現したときには財産の私有はなかった」ということは、おそらく誤りだろうという考え方が主流になっています。

そこで重要なのは、社会人類学の考え方です。前回もお話ししましたが、イギリスの社会人類学者のアーネスト・ゲルナーという人が書いた『民族とナショナリズム』という本は非常に重要です。このゲルナーの考え方が、今世界で受け入れられている標準的な社会の発展に対する考え方になっています。

人類はどのように発展してきたのか。ゲルナーは三段階に分かれて発展すると考えます。第一段階は、狩猟採集社会、前農耕社会です。この段階では、社会はありますが、国家はありません。群れの中のリーダーみたいな人はいるけれども、法律や統治機構といったものは存在しないわけです。では、狩猟採集社会では、人間は何時間働けば一日の食べ物を得ることができたのか。これについても最近の実証研究があります。ニューギニアやアフリカの先住民には、狩猟採集を基本に生活している人たちが現在でもいるわけですが、その人たちに対する調査研究があり、三、四時間程度という結果が出ています。一日三、四時間働けば、人間は一日食べていくことができ

Q ゲルナーのナショナリズム研究

アーネスト・ゲルナーは、一九二五年、パリのユダヤ人の家族に生まれ、生誕後、すぐにプラハに移り、そこで育ちます。一九三九年、家族とともにイギリスに亡命。一九四五〜四六年にはプラハに戻り、カレル大学で、その後、イギリスのオックスフォード大学で社会人類学を学びました。

主著『民族とナショナリズム』は、「民族は、国家と同じように偶然の産物であって、普遍的に必然的なものではない」「ナショナリズムとは、エスニックな境界線が政治的な境界線を分断してはならないと要求する政治的正統性の理論」と定義しています。ナショナリズムと産業社会の勃興との関連性を鋭く指摘した同書は、「第一級のナショナリズム研究書」として知られています。

るわけです。ということは、八時間労働とか七時間労働というのは、狩猟採集時代の人間と比べて働き過ぎということになります。

では次の段階である農耕社会ではどうでしょう。人間の集団ですから、社会は当然あります。国家はどうでしょう。ピラミッドをつくったエジプト、あるいは殷、周、秦、漢、隋、唐などの中国の王朝のような巨大国家はありました。あるいは南アメリカのアンデス文明のように、文字はなかったと想定されるけれども高度な都市建設技術を持った国家はありました。しかし国家がない場合もありました。

人はなぜ定住したのか?

最近出てきた仮説として、定住革命という考え方があります。定住をするときには、最初に何らかの大きな国家権力のようなものがあったのではないか、権力の方が先行していたのではないかという考え方です。というのも、三、四時間の労働で、人間は自分たちの命をつないで子孫を残すことができるわけです。それなのになぜ、わざわざ長時間苦しい思いをして土地の開墾などをしなければならないのか。自然の状態であったら、人間はそんなことをするはずがない、だれかによって強制されていたのではないか、という仮説です。この仮説は説得力があります。それで、いったん農業という技術を覚えたら、国家権力の統治が及ばないところでも、あるいは国家権力が崩壊してしまっても、国家なしで済ますことができます。それで国家のない社会ができたのかもしれません。ただ、このあたりのことは、歴史実証研究では、なかなか証明することは難しいでしょう。

しかし重要なのは、定住に至るときに、必ず宗教が生まれるということです。たとえば今のニューギニアの狩猟採集をする人たちが定住しない理由は二つあります。まずお手洗いです。定住した場合には、人間が排出したものの始末ができなければ、衛生状態が保てなくなる可能性があります。便所をつくって衛生を管理しなければなりません。移動生活なら、垂れ流して別のところに移動すればよく、トイレの心配はいりません。

もう一つは、死者の問題です。死ぬと人間は腐って骨になっていきます。さっきまで生きていた人間が動かなくなる。死は恐ろしいものです。自分たちの住むすぐそばに死体があっては怖くて仕方がありません。ですから死体のないところへ逃げていく。定住革命以前の移動する人たちは、死の問題と直接向き合わずに済みます。裏返すと、定住すると、死の問題と向き合わなければならなくなります。そこから宗教が生まれたり、宗教に対する考え方が精緻になっていくわけです。

税とは何か?

今、税と社会保障の一体改革をやっています。元官僚だからわかるのですが、この問題の本質は社会保障にはあまり関係はありません、ただ増税がしたいのです。なぜかというと、官僚、特に財務官僚の国民に対する一種のあきらめ感があるからです。日本の国民は、難しいことはお上に任せて、気に食わないことは文句ばっかり言うと思っているからです。「任せて文句を言う」というのが日本国民だ。そういう状況で責任ある政治をやって小さな政府をつくろうとしたけれども、民主党の政権交代でよくわかったように、政府規模というのは、全く小さくならずにむしろ肥大していく傾向にあります。国際的にも同様です。

もう一つ、中国との関係が緊張していることがあります。尖閣で武力衝突でも起きれば、国防予算も増やさなければならない。そうすると、取れるうちに取っておけるところから取るというのが官僚の発想です。だから増税になるわけです。

しかし、消費税で国民をいじめなくても、金持ちから取ればいいではないか、累進課税も昔は八割だったが、今は最高税率四割ではないか。大企業はたっぷり内部留保を持っている。日本の大企業には一二〇億とか二〇〇億というような年俸、年収をもらうような代表取締役社長や会長はいないけれども、会社の内部留保は数百億、一〇〇〇億を超えるところだってあるのだから、法人税を上げて、そこから吐き出させろ。こういう議論が一昔前までは多くありました。ところがこの議論は、今や共産党と社民党ぐらいしかしなくなりました。なぜなら、逃げることができるからです。もっと税率の安いシンガポールや香港に逃げようということになります。金持ちや企業は逃げることができますが、逃げることができないのが宗教です。宗教というのは、お寺にしても、教会にしても、信徒、信者たちと結びついています。ですから、私はこれから宗教団体への課税ということが出てくると思います。

しかし、それに対しては、徹底抗戦しなければいけません。宗教団体が課税されるようになると、その次はファシズムに向けた道が開かれます。宗教団体はファシズムに対抗する砦として、民主主義を担保する根本である、ということを認識してください。実は、税の話というのは、信教の自由、宗教団体の自由とともに民主主義を担保するということと深く関係しているのです。

聖職者はなぜ独身なのか？

中世には、農民に子供に教育を受けさせようという発想は全くありませんでした。文字を知っているのは一部の官僚と宗教人だけで、そういう人たちは、国際横断的に活躍するわけです。ですから日本と中国と朝鮮半島の間においても、あるいは琉球との間においても、禅僧が国際的に活躍し、当時の外交官の役割を担っていました。まず漢字を理解することができ、言葉が直接通じなくても漢文の筆談で、コミュニケーションできるからです。それとともに、ドクトリンとして経典を通して思想的な領域を共有します。禅僧を中心とする知識人ネットワークは、東アジア文化圏、さらにチベットあたりにまで広がっていました。今でも見えない形で、こういう共通意識は持続しています。

ヨーロッパの場合はラテン語です。ラテン語を話す人口は中世と今と変わっていません。同じぐらいの人が今でもラテン語を話します。カトリック教会で神父さんになって出世するにはラテン語が上手に操れないといけません。日本の神父さんでも、上のほうに上がっていく人はラテン語ができます。そういう人は、日本で神父さんになっても、世界の国々、中南米やヨーロッパに赴任します。

ちなみに、カトリック教会の神父は結婚をしません。ロシア正教やギリシャ正教は二通りに分かれます。キャリア組とノンキャリア組、キャリア組は黒僧と言います。黒い服を着ているからです。ノンキャリア組を白僧と言います。白僧の方は輔祭《ほさい》に叙聖される前ならば結婚して家庭を持つことができます。ただし、白僧は、長司祭というところまでしかいけません。ノンキャリアのトップとキャリア組である黒僧の一番下が同じレベルです。どんなに能力が高くても、妻帯をしている神父は出世できない。そのかわり、修道院に行くという形で出家を決めると、妻帯をしている人のトップまでは出世が保証されます。こういう制度にして人材を確保しているんです。

イスラーム世界のオスマン帝国では、キリスト教徒はキリスト教徒の秩序の中で生活する、ユダヤ教徒はユダヤ教徒の秩序の中で生活する、イスラーム教徒はイスラーム教徒の中で生活する、というミレット制をとっていました。また、イスラーム教徒から官僚を出しません。デウシルメ制といって、キリスト教徒の子供を徴用してきてイスラーム教に強制改宗させて育てるのです。概ね七〜十五歳の頃に、この先、立派に成長しそうな子供たちを供出させて、寮に入れ、軍人チームと官僚チームをつくってイスラーム教徒として徹底的に教育し、エリート官僚や軍人として育て上げるのです。そしてその家族からは役人は出しません。新たに徴用してきて、また育てあげるわけです。要するに、権力が継承されると、そこから派閥ができて、結局、国家が弱体化するという発想です。スルタン（皇帝）は、奥さんを四人まで持てますから、皇位継承者が数十人になり、その王子たちを競争させて一人が後継の王様になります。そして残りの王子たちは全員殺すんです。後腐れがないように。王子様に生まれると、国家を継承して皇帝になるか、殺されるかどっちかしかありません。そんな環境にいたら精神に変調を来たす人間が増えます。結局、継承した王子以外を全部殺すという制度は廃止されました。そうしたら、逆にオスマン帝国は弱体化したんです。

それでは、カトリシズムの世界で、なぜ聖職者の独身制がとられているのでしょうか。聖職者が独身制をとっている国というのは、例外なくその社会で宗教が実態として力を持っているところなんです。そういうところでは、独身制にしておかないと子供に権力を継承させることになり、財産や権力というものが特定の門閥に集まることになります。それを排除しないといけないから独身制にするわけです。独身制でも、神父が子供をつくっている例は歴史上たくさんあります。しかし制度上独身制になっている以上、自分の子供だと認知することができません。聖職者というのは、権力を譲り渡すことができないようになっているのです。

中国の場合は、こういう独身制というような面倒なことはやりませんでした。そのかわりに宦官をつくりました。要するに去勢するのです。去勢をしたら物理的には子孫をつくれません。そういう形で権力の腐敗を防ごうとしました。あるいはアドバイザーに外国人をつける。誰が徳川家康のアドバイザーでしたでしょうか。

イギリス人のウィリアム・アダムス、三浦按針です。外国人だからいいのです。係累がいないからです。秘密を持っていても、それが係累に漏れることはない。利権をそこから持っていくこともない。そう見ると、中世のシステムというのは、それなりによくできています。しかし、現在の我々から見るとわかりにくい。不平等であるとか、えこひいきであるとか、そういうことはむしろ当たり前で、たいした問題ではないという社会なんです。

国家が国民を教育するのはなぜか？

さて第三段階は我々の産業社会です。産業社会には国家が必ずあります。それから科学技術がどんどん発展してきますから、それに対応して、すぐにでも新しい業種のもとで働ける人をつくらないといけません。要するに、流動性を担保しないといけません。ですから、産業社会は、基本的にフラットで、しかも平等です。そして自由に職を選ぶことができます。こういう社会には国家が必ずあります。

整理しましょう。社会は三段階で発展している。狩猟採集社会、ここでは社会はあるが国家はありません。農耕社会、ここでは社会は必ずあります。しかし国家はある場合もない場合もある。そして最後の産業社会、ここでは必ず国家があります。そして現在世界的な規模で残っている伝統的な宗教、仏教、キリスト教、イスラーム教、ユダヤ教は、いずれも、この第二段階の農耕社会の時代に生まれている宗教です。それ以前の狩猟採集時代のようなアニミズムであるとかシャーマニズムとは、位相を異にする宗教なんです。つまり、人間の社会がかなり高度に組織化されていることと関係して生まれてきた宗教なんです。だから現代においても、生き残ることができる基本的な要素をもっています。

私たちは、国家というものが当たり前に存在するように考えていますが、そうではありません。国家はなくても、社会というものは、生き残ることができます。たとえば太平洋戦争（大東亜戦争）を経験した人は、戦後の混乱の中で日本の国家機能が麻痺してしまう中、焼け跡の闇市の中でも人間のネットワークというのは、残っていたことを知っています。あるいは、二〇一一年の三月一一日の東日本大震災の被災地域。数日間は日本の国家権力がうまく機能しませんでしたが、そこでは人間のネットワークが生きていたわけです。

私は、ソビエト社会主義共和国連邦の崩壊期にモスクワにいました。ソ連という国家が機能しなくなってロシアという国家もまだ形づくられていない一種の混乱の中にいましたが、人間がお互いに助け合うというネットワークの中で、社会は維持されていました。

ただし、国家なしで社会が維持されるというのは非常に短期間のことです。長期にわたると必ず国家が出てくるんです。これはどうしてかと言うと、やはり究極的なところで言うと教育の問題になってくるからです。

産業社会の特徴というのは、みんなが文字を読めるということです。ということは、裏返して言うと、全員がお坊さんになった社会です。中世社会においては、聖職者、僧職者によって文字は独占されていました。文字を普通の人が知ることを、社会は忌避する傾向が強かったわけです。すべての人が僧侶になるということは、裏返すと、僧侶が特別な職業ではなくなるということです。ルターが言った、すべての人が祭司になるという万人祭司説は、聖職者がいなくなるということです。ですから、プロテスタンティズムにおいては、「聖職者」という言葉は使いません。みんなが祭司でみんなが世俗の人だという考え方です。全員が王様になったら、王様は一人もいなくなります。これと同じ構成です。

産業社会ができて近代ができるときに、重要なのは、世俗語による正書法の規則です。

漢文も、サンスクリット語も、きちんとした正書法の規則があります。だから読み方はよくわからなくても、文字になっているものは意味を解釈することができ、書くことができます。ところが、日常的に我々が使っている言葉に関しては、そういったことができません。

ちなみに、サルを観察している人たちの調査結果によりますと、サルの群れがお互いにどういうサルなのかを識別できるのは、一五〇頭ぐらいが限界だそうです。一五〇頭を超えると群れが維持できなくなり、群れが分かれてきます。おそらく我々人間の社会でもそういうことがあるのです。直接知り合うことができる人間の数というのは、ある一定の枠に限られています。そして直接知り合える人たちの共同体によって支えられるネットワークというのは、一定の枠内に限られるということです。

再び税と社会保障の一体改革の話に戻ります。今、ノルウェー、デンマーク、スウェーデン、フィンランドといった国は、医療も、教育も、完全に無料です。また、小学校、中学校には、私立の進学校などはありません。国家が教育に対して力を入れていて、一人の子供も落ちこぼれないような教育システムがとられています。今、小中学生で試験をするとフィンランドは世界で一番平均点が高い。なぜかというと、教師の給与を上げて待遇をよくしているからです。要するに、日本でいうと、弁護士、公認会計士と同じレベルの職業と考えられています。そのかわり税負担は八〇％にも達します。それでもまだ、「福祉の水準が低いから、負担をもっと増やして、高福祉高負担でいってほしい」という意見のほうが強いのです。

では、そういう社会において、本当は支払う能力があるのに税金や社会保険料を払わない人はどうするのでしょう。そういう人はほとんどいません。たとえば沖縄の離島に、久米島という島がありますが、人口は八〇〇〇人台です。そこでは生活保護の不正受給はありません。逆に生活保護を受けないといけないのに、世間体があるから受けない人のほうが多い。八千数百人ですからみんな顔を知っている。全員の家の経済状態がどうなっているかよくわかっているわけです。そもそも現金収入は少ないけれども、魚や野菜はお互いにやりとりしていて、物々交換なんです。それから、のし袋がよく売れます。いろいろな行事や近所の孫の幼稚園入園祝いでお金を入れて渡すからです。一〇〇〇円単位で、どんなに多くても三〇〇〇円ぐらいのお金のやりとりがあるのです。経済合理性と違う論理で動いている社会です。

実は、高福祉高負担の国家というのは、人口一〇〇〇万を超えるところにはありません。

三〇〇万人であるとか四〇〇万人であるとか、多くても六〇〇万人ぐらい。それは、いわば村の延長線上あります。お互いに何をやっているかがわかる社会なんです。

高福祉国は警察国家

国際政治の話に戻します。私は外務省にいるときに、インテリジェンス、情報の仕事をしていました。それでいろいろな人たちと交流を持ちましたが、やはり一番おもしろいのはイスラエルの人たちとのつき合いです。

イスラエルの人口は今八〇〇万人ぐらいに増えました。けれども、ユダヤ人の人口というのは、六〇〇万人ぐらいです。そのうちの一〇〇万人ぐらいが旧ロシア系です。小さな、東京都の六割ぐらいの規模の人口の国なんです。ところが、モサド（イスラエル諜報特務局）という、世界でもたいへん有名な情報機関があります。イスラエルに対して仇なす者は、アルゼンチンまで行っても拉致して捕まえてくる。あるいは、ミュンヘンでイスラエルのオリンピック代表団が「黒い九月」というパレスチナのゲリラたちによって殺されると、実行犯を追いかけて十数年かけて皆殺しにしました。こういうことをする組織なんです。

その長官をやっていたエフライム・ハレヴィという人がいます。私はこの人に非常にかわいがってもらったんですが、彼がちょうど京都に来たときです。この人は宗教的な戒律が非常に厳しい系統のユダヤ教に属する人ですので、お肉や貝類は一切食べられません。お肉は、血抜きをして宗教的に正しく殺しているコシェルというお肉でないとだめです。魚に関しては、うろこがついたものは、食べてもいいことになっています。ですから、ずっと菜食で続けていたのですが、京都に来たら何か動物性たんぱく質のものが食べたいということになって、都ホテル（現・ウェスティン都ホテル京都）のレストランでみんなおいしそうにおすしを食べていたので、そのマグロのおすしを見て、この魚にはうろこがついているかと聞くわけです。立派なうろこがついていると言ったら、五、六個食べて「あ、うまい」と言ってよろこんでいました。

この人と話をしたんです。まだ北朝鮮の拉致問題が出てくる前です。「北朝鮮は本格的にミサイルをつくっていて、イランと協力している。このまま放置しておくと、ミサイルのレベルが上がって、核開発もしているから日本に向かってくる危険性がある。日本はこれをくい止めないといけない」と。「しかし、北朝鮮とは外交関係がなく、窓口がないので難しい」と言うと、「イスラエルだって北朝鮮と外交関係はないけれど、人脈をつくるのは難しくない、私は北朝鮮に行ってきた」と言うんです。「ミサイルをつくっていると聞いたけれど、やめてほしいんで交渉したい」とヨーロッパのある国の北朝鮮大使館に連絡したら、ぜひ来てくれと言うので、ベルリンから北朝鮮の差し向けた飛行機に乗って、モスクワ経由で平壌まで行って、金容淳《キム・ヨンスン》という北朝鮮の情報の最高責任者と話をしたというのです。それで、「お金を払うからミサイル開発をやめてくれないか」という話をしたら、「お金を払うんだったらやめてもいい」と言ったんだそうです。「しかし、佐藤さん、お金が二桁開いていたんだ。だから結局折り合いがつかなかった」と。アメリカからも、「そんなことで北朝鮮に金をやったら許さない」と言われたので、やめたんだということでした。

大事なのはその後なんです。「北朝鮮との秘密接触を、どうやったと思う?」と聞かれて「旧東欧諸国でロシアとかポーランドとか、そういったところを指定したのか」と答えると、「いや、我々も、そういうところだろうと思ったんだけれど、違うんだ、スウェーデンだ」と言うんです。北朝鮮人は、東欧諸国でも、ロシアでも、ビザが必要になります。北朝鮮のパスポートというのは信用がないから、パスポートだけでは入国させてくれません。ビザを取るためには、入出国の日程と、何をして、だれと会うかということまで申請しなければなりません。そうすると秘密は守れません。実は、北朝鮮の人でも、ビザをとらないでパスポートだけで入国できる数少ない国の一つが、スウェーデンなんです。「どうしてスウェーデンは北朝鮮に対して甘いのか」と聞いたら、笑いながらハレヴィは、「ああいう北欧の高度福祉国家や第二次世界大戦で中立国だったスイスやスウェーデンというのは、たいへんな警察国家なんだよ」と言うのです。

スイスやスウェーデンは、第二次世界大戦中、ドイツとアメリカ、イギリスの間で中立国でした。中立国というのは、中立に違反する行為をすると占領される可能性があります。たとえばスウェーデンの領内で、アメリカが

Q 監視国家スウェーデン

高福祉国家スウェーデンは、「監視国家」という一面も持っています。手厚い社会保障は、一九四七年に導入された、いわゆる国民総背番号制によって成り立っています。

新生児が生まれると、病院から税務署に出生記録が送付され、一〇桁の個人番号が与えられます（居住権をもつ外国人にも）。

この番号によって出生年月日（移住年月日）、氏名、出生地、国籍、教区名、両親の氏名、現住所、結婚歴、離婚歴、所有不動産などの情報が管理され、「生活のほぼすべて」が国家（税務署）に把握されることになります。銀行での口座開設・取引などにも個人番号が必要だからです。もし銀行口座の残高が不自然に増えていたら、それだけで脱税とみなされる恐れがあります。

ドイツにとってマイナスになるような活動をしたら、ドイツ軍は、スウェーデンを攻めることができる。逆に、ドイツが反米、反イギリス活動をスウェーデンの中で行って、スウェーデン政府がそれを止めることができなければ、アメリカやイギリスは、スウェーデンを攻めることができる。そうすると中立国というのは、徹底して外国人を監視しないといけない。ですから、五人組制度のように、外国人の動向に何かおかしいことがあれば警察に報告する、という制度がずっと続いて今もあるんです。スウェーデンは大変な監視社会になっていて、それが社会全体に及んでいるから、社会保険料を払わないでいることはできないのです。高度福祉社会というのは、同時に大変な監視社会であるということです。

書き言葉の誕生

話をもう一度もとに戻します。こういう近代的な社会の中で、ばらばらになった人間たちを束ねるには国家が必要になるのです。このばらばらになっているけれども、広い範囲で「同じ国民だ」という意識を持たせるためには言葉が重要になります。まず書き言葉が重要なんです。

ロシアや中央アジアのウズベキスタンやカザフスタンには、ドイツ人が結構住んでいます。そのドイツ人は、十六世紀から十七世紀に、当時のドイツから帝政ロシアに移住した人たちです。では、どういう人たちで、なぜ移住してきたかというと、宗教が関係しています。

ドイツには、カトリックがあり、ルター派、カルバン派という宗教改革の主流派があり、この宗教改革の主流派に飽き足りないグループとして、バプテスト派、メノナイト派などもありました。「なんじ、殺すことなかれ」という言葉を徹底的に実践するグループや、洗礼は、神についてよくわからない子供には受けさせない、大人の洗礼しか認めない、というグループもあったのです。こういうグループは、プロテスタントも、カトリックも、許すことができない、異端だとして、鳥籠のような人間籠をつくって木につるし、カラスにつつかせて殺したり、火あぶりにしたりしました。

当時のロシア帝国は正教の国なんですが、このバプテスト派やメノナイト派の人たちを受け入れたのです。ロシアでは、宗教は自由であり、異端だからということで取り締まったりすることはない、開発できていない土地がたくさんあるから、そこを耕して、農民として年貢を納めてくれればいい、というわけです。それで移住したドイツ人たちが今も結構住んでいます。

ところが、そのドイツ人たちのドイツ語は、ドイツ本国では通じません。ドイツは今でも、血筋がドイツ人だということが証明されれば、すぐにドイツ国籍が取得できます。特に西ドイツは、そういう形で、東ドイツ国民でも、西ドイツ大使館に行って、私はドイツ人だという証明書を出せば、すぐに西ドイツのパスポートを出して、西にどんどん亡命させました。それと同じように、ロシア、中央アジアに住んでいるドイツ人も、我々はドイツ人だということで、ドイツに戻るのですが、言葉がまったく通じないし、生活習慣も違うので困ってしまうのです。確かに十六世紀、十七世紀にドイツから移住した人なんですが、三〇〇年ぐらい前の生活習慣をそのまま維持していたりしますから、言葉が通じないのです。

逆に、言語学者は、ウズベキスタンやカザフスタンに調査に行きます。三〇〇年前のドイツ語が今でもいきているからです。「ノイエス・レーベン」という新聞を出していて、その新聞は八面あるんですが、七面と八面は、自分たちが話しているドイツ語で書かれています。古いドイツ語が今も生きているのです。

ドイツ統一のときに正書法の規則が作られ、その根っこにあるのは、ルターの聖書でしたが、文字規則ができると、書かれた文字に合わせて話すようになります。英語の場合も、キング・ジェームズ・バージョン（欽定訳）という形で聖書が確定することで、それに合わせて言葉をしゃべるようになりました。

日本語の場合も、実は書き言葉が先に決められました。戊辰戦争のときは、会津の人間と長州の人間と薩摩の人間が一緒に会っても、漢文を書いて話をしないと何を言っているかわからない状態でした。お互いの言葉があまりにもかけ離れていたからです。それで、まず書き言葉がつくられます。東京の山の手の言葉を標準語にしたというのは作り話で、少し東京の山の手の言葉に似ているとはいえ、全く新しいところから書き言葉をつくったんです。当時、三遊亭円朝の怪談ばなし「牡丹燈籠」などを筆記して、印刷して本にしていました。こういうことを通じて、書き言葉から標準語ができてきたのです。さらに正岡子規は重要です。怪談「牡丹燈籠」は、まだまだ韻を踏んでいて、近代的な散文ではありません。そのうち、心の中で考えたことを、景色を描くように書きましょう、と投書を募集した雑誌が普及することになって、近代的な日本語が成立してくるんです。その書かれた言葉に基づいて話し言葉もできてきます。言文一致ということと、ナショナリズム、近代化、産業化はつながっています。マニュアルが読めないと工場で働けません。そこから教育ということが出てきます。

琉球語と日本語

この視点から、沖縄の問題を考えてみましょう。実は、沖縄が、沖縄方言「琉球語」の正書法の規則を確立するかどうかが沖縄の独立の動きと関係してきます。たとえば、口頭だと「皆さん、ごきげんよう。いかがお過ごしですか。私は今しがたご紹介いただいた佐藤優と申します」と言いますが、琉球語の首里の標準的な言葉だと、「はいさい、ぐすーよ。ちゅーうがなびら、わんねーなまがた、ぐしゅーかいいただちゅる佐藤優やいびーん」となります。これは、平安時代の京都に来てゆっくり話せば、多分通じたと思います。遣唐使が中断されてから沖縄方言と大和の言葉は離れていきました。

たとえば「愛する」という言葉は、「かなしゅん」、「悲しい」という意味です。悲しいという言葉を古語辞典で調べると、「外からの何か大きい力によって、感情の動きが起こること」となっています。ですから、「かなしい」という言葉は、大和の伝統においては、マイナスのほうに心が振れ、琉球ではプラスに振れて「うれしい」とか「愛情」という意味の「かなしゅん」になったわけです。

琉球語と日本語のこの違いは、今ごまかされています。同じ民族の傘の中にあると認識されているのは、琉球語の正書法の規則がないからです。琉球語の正書法の規則をつくる場合には、発音の関係でローマ字になる可能性が高いと思います。たとえば「わー[waa]」と言うと「私の」という意味になります。同じ「わー」でも、最初のどにひっかけるような形で「わー[ʼwaa]」と言う、グロッタル・ストップ（声門破裂音）を使うと、「豚」という意味になります。息をちょっと詰めるか詰めないかで意味が変わりますから、その表現の差というものをなかなか平仮名や片仮名では表現しにくいのです。そうなるとどうしても「ʼ」というアポストロフィや、アラビア語のハムザ［ʔ］という国際発音記号を使って表現しなければならなくなります。

今、沖縄では琉球語をもう一度復活させようという動きがあります。あるいはブラジルの沖縄出身者たち、ボリビアの沖縄出身者たちが沖縄方言を使って話をしようとしています。あるいはイギリスにいる沖縄の出身者たちやハワイの沖縄出身者たちと琉球語でコミュニケーションするということが始まっています。あとは文字の規則さえ導入されて、ローマ字であらわすようになれば、これはもう独立言語になるのは簡単で、二、三年で可能になります。

敷衍すれば、日本語でも、どこかの地域において、別の正書法の規則で別の書き文字ができれば、たとえば会津地方の方言をベースにした書き文字ができて、それが日常的な形でコミュニケーションに使われるようになれば、独自の民族的なアイデンティティが生まれるはずです。

このように考えると、我々が考えている国家や民族というものは、近代的なもので、非常に流動的な概念だということになります。しかし、宗教はいろいろあって、長い歴史があり、その中で変容はしていくのですが、変わらない要素も保っていて、そこを押さえておく必要があります。

賃金とは何か?

二番目の話に入ります。産業社会——「資本主義社会」と言いかえてもいいと思います——における国家と社会の関係です。マルクスの『資本論』というのは、ほとんど読まれたことがないという意味で有名な本ですが、このマルクスの『資本論』は、実は労働者を想定して書かれたものではありません。革命のための本だと言われますが、革命の話はありません。フランシス・ウィーンという、イギリスの有名なジャーナリストが『マルクスの「資本論」』(ポプラ社、二〇〇七年)という『資本論』の解説書を書いていますが、このヨーロッパのマルクス主義の解釈というのは、非常におもしろい。

フランシス・ウィーンは「将来資本家になる見習い資本家を想定して、マルクスの『資本論』は書かれている」と言っています。そのとおりだと私も思います。日本の『資本論』の解釈では、東京大学の宇野弘蔵という有名な学者がいます。この人の解釈の方法は、『資本論』の中から社会主義というイデオロギーを排除して、論理の本として読んでいくというものです。マルクスの『資本論』の最後は、三位一体の公式というところで終わっています。労働をする人は、賃金をもらえ、資本を持っている人は、利子をもらえ、土地を持っている人は、地代をもらえる。こういう感覚を持つのが資本主義社会の宗教であったと。この三位一体の公式によって資本主義社会は成り立っている、ということを一ページ目から書いて、「ここでマルクスの原稿は中断している」という注がついて終わっているのです。『資本論』は未完の書なんです。

ここで重要なことは、実は、三位一体的公式、つまり、物を持っていれば、何かもらえるという間違った考えの上に成り立っているのが、資本主義だとする見方です。では、マルクスは、この資本主義社会の本質は何であると考えたのか。人間は労働をする力を常に持っていますが、この労働力というものは、商品となって売買されるようになっている。

この労働力商品に問題がある、と考えたのです。

平たく考えてみましょう。たとえば京都のコンビニでバイトをする。時給九五〇円だとすると、そのコンビニは、その労働者を一人雇うことによって、必ず九五〇円以上の儲けがあるということです。そうでなければ雇う意味がありません。そうすると、九五〇円で労働者を雇って、収益が一二〇〇円あるとしたら、その差額の二五〇円分が剰余価値であり、労働者の側から見ると搾取されている、ということになるわけです。ところが、搾取というのは不正ではありません。搾取に対して、マルクスには「収奪」という概念がありますが、これは暴力を背景に、脅して強制的に取っていくことです。契約ではなく、むき出しの力で取っていくことを「収奪」と言うのです。時給九五〇円のコンビニでバイトをするというのは、断ることができ、その意味では、自由です。しかし、特に熟練した技能がない若者にとって、他に働く場所がなければ、結局、そこで働かざるを得ないことになります。

では、賃金はどのように決まるのか。それには三つの要素があると考えています。

たとえば一カ月の賃金というのは、一つは、労働者が一カ月分の食料を買って、家を借り、衣服を買って、ちょっとしたレジャーをしてあと一カ月働くエネルギーを蓄えることができるお金です。

二つ目は、労働者階級の再生産、すなわち家族を持って、子供をつくって、子供に教育をして労働者として働けるところまで面倒を見ることができるということです。仮に独身の労働者がいるとするならば、デート代も、賃金に入っていないといけないことになります。将来のパートナーを見つけるためのものですから。

三つ目は、資本主義社会は、さっき申し上げましたように流動的です。科学技術がどんどん進んでいきますから、それに合わせて、社会に適応できなければいけません。そのための自己教育のお金が必要になります。

この三つの条件によって賃金は決まるということになります。そうすると、どんなに労働者が頑張っても資本家になることはできません。労働力という商品の価格は、賃金であり、それが一カ月の労働力というエネルギーを再補てんしているのであり、賃金は、そこで全部使い果たされることになります。

ちなみに、このマルクスの賃金という概念は、事後的な概念です。資本主義社会がうまく回っているときはそれでうまくいきます。結果として見てみると、一カ月のエネルギーを蓄え、家族を育て、自分の教育を可能にする水準の賃金だと、社会は回っていって、資本主義社会の再生産が可能になるわけです。そうやって高度成長経済が可能になります。

ところが、資本家と労働者の関係というのは、紙の上では平等ですが、実際は労働者の立場が弱い。賃金を上げようとしても、労働力は他にもあると言われれば、安い賃金を受け入れざるを得ないわけで、実際は平等ではないわけです。そうなると賃金の水準はどんどん下がって、二番目の家族を養うための費用、三番目の教育の費用はどんどんなくなっていきます。

さて、今ここでお話ししたのはマルクスの『資本論』の骨子です。ただ、ここで重要なのは、マルクスの『資本論』の世界には税金の話が全く出てこないということです。それから国家の話も出てこないんです。

デイヴィッド・リカードという人が書いた『経済学および課税の原理』(上・下、岩波文庫、二〇〇七年)という経済学の専門書があります。タイトルからわかるように、リカードの本においては、課税ということが大きなウエートを占めていました。本の半分ぐらいが課税の話です。ところがマルクスの『資本論』は、このリカードの考え方を借用しながら、税については触れていません。そのことをどう考えればよいのか。この点については、柄谷行人の著書、『トランスクリティーク』(二〇一〇年)、『世界共和国へ』(二〇〇六年）、『世界史の構造』（二〇一〇年）などが参考になります。いずれも岩波書店から出ています。

マルクスは階級で世の中を考えました。資本家階級、労働者階級、地主階級という三大階級があると考えたのです。資本家というものは、搾取をして剰余価値を得るという説明をしました。労働者の労働力だけが価値の源泉なんです。ではなぜ、土地を持っている地主はお金を得ることができるのか。これは環境制約性の問題です。ここが、マルクスが天才であるゆえんです。資本によっても、労働によっても、環境をつくることはできない。土地というのは、豊穣力、水量、今で言うところのエコロジー、環境力を持っています。その環境というものは、資本の力では生み出せないから、土地を持っている人たちに対し、自分の剰余価値の一部を差し出す。これが地代です。この三つの階級とは別に存在しているのが、官僚階級であり、国家です。

宗教はさまざまな階級をつなぐ

ちなみに、仏教教団、お寺、キリスト教の教会などは、社会から生まれてきました。人々が自発的に献金や布施をすることによって成り立っている結社です。これは社会に属している存在で、社会のさまざまな階級の関係をつなぐ機能を果たしています。ですから、教会でも、お寺でも、労働者だけの味方になるということはしませんし、資本家や、地主だけの利益を代表することもありません。さまざまな人々がお寺や教会にいるわけで、宗教教団は、その本質において、社会全体のちょうつがいのような、連結をする機能を担っています。「レリジョン（宗教）」は、「結び合わせる」という意味からきています。さまざまな階級の人々を結びあわせる役割を果たしている、ということです。

官僚はどうやって食べているか？

これに対して、国家、官僚というのは、全く別の人たちです。実は、時々、野村沙知代さんと会合などで一緒になることがあります。彼女もなかなか気配りの人です。二人の間で盛り上がる話というのがあります。東京拘置所の中の「臭い飯」の話です。

あの臭い飯というのは、この中でも食べたことのある方は何人かいらっしゃるかもしれませんが、「腐った飯」という意味ではありません。麦が三割入っているので、麦のにおい、香りがするんで臭い飯というわけです。実は、拘置所の食べ物はおいしいのです。夏の土用の丑の日には、ウナギがちゃんと出ます。尾頭つきのエビフライやビーフステーキなんていうのもあります。あるいは、必ず汁物が一品出ます。昼夜は、大体汁物一品とおかず二つです。土日は、面会などの時間がないので囚人のストレスがたまりますから、甘いものとかおかずが一つ多い。そうすると、土日は何となく楽しい。そういう話を野村沙知代さんとするわけです。「なかなかおいしいわね」とか「食べ物は悪くないわね」と。鈴木宗男さんも「食べ物は悪くないな。今度、喜連川の社会復帰促進センターで民営化されたところに行ったけれども、やっぱり、東京拘置所のほうが食い物うまいぞ」というような話をしています。

ところが、はたと思うわけです。野村沙知代さんは、何で捕まりましたか。脱税です。脱税は警察が出てこない。国税庁が、検察の特捜部に告発するんです。そして必ず検察に捕まります。検察に捕まるという経験はなかなかできません。検察に捕まると留置所を経験しません。留置所というのは、お手洗いの水を自分で流せません。あるいは、留置所というのは「面倒見」といって、たばこを吸わせてもらえるそうなんですが、拘置所ではたばこは吸わせてもらえません。ただ、留置所は基本的に雑居です。こういういろいろな違いがあります。

ただ、なぜ野村沙知代さんは検察に捕まるんでしょうか。私や鈴木宗男さんは、「これは政治的にろくでもない」という形で排除されているわけです。小沢さんを捕まえようとしたのも、東京地検特捜部です。無罪になりましたけれども、村木厚子さんを捕まえようとしたのも、大阪地検特捜部。日本は政治犯罪がないという建前になっていますけれども、高級官僚は、実質的に政治犯で、時代のけじめをつける、政治的によくない、国家のためによくないと検察官が思う人たちを捕まえる。これが特捜部の仕事です。脱税も、それと同じです。国家は税がないと成り立たないと言っていますが、国家というのは抽象的な存在ではありません。官僚によって成り立っている。だから税金を払わないというのは、重大な政治犯罪になる。ですから最強の捜査機関である東京地検特捜部が乗り出すんです。

官僚というのは、どうやって生活しているのでしょうか。たとえば仮に、今、官僚一人の生活に年間五〇〇万円必要だとすると、それを社会から取ってくるわけです。冗談じゃない。教会に献金したり、お寺にお布施をしたりするのは、代々供養してもらっているからです。あるいはこういったセミナーに参加するのにも経費が必要です。みんな顔が見えるところでお互いのネットワークがあります。ではなぜ官僚を養わなければいけないのか。「おれたちは国家を維持しているから、おまえ五〇〇万よこせ」と言ったら、だれも払わない。そこでまず、たとえば一五〇〇万円取るんです。日本の国防や外交、教育のために必要だとして五〇〇万円。残り五〇〇万円は社会保障費、「皆さんに再分配してやるんだから、私たちは専門家として中立的な機能を果たしています。全体の奉仕者です」というわけです。再分配機能を果たすという名目で過剰に取る。そして再分配をする。しかし、その本質というのは、官僚という階級が自分で生き残るためにやっていることなんです。

郵政民営化とは何だったのか?

最近、この辺の問題に一番よく気づいたのは小泉純一郎さんです。「官から民へ。官僚は横着だ。けしからん」といった形でキャンペーンをはりました。ところが、あの人は官僚が権力の実体であることをよくわかっている。財務官僚と絶対けんかなどしません。そこで出てきたのが郵政民営化です。

私は竹中平蔵さんと話をしたことがあります。『国が亡びるということ』(中央公論新社、二〇一二年)という対談本も出しました。竹中さんは、郵政民営化は必要ないと考えていました。ところが小泉さんが「やる」と言った。それで困りました。必要ないのにどうしてやるんだと。それで田原総一朗さんに相談したんです。田原さんからも聞きました。「小泉が郵政民営化を『やれ』と言って困っている。やる必要ないと思っている」と。「でも私がやらないと絶対できないから、理屈を考えるから聞いてくれ」と言って田原さんに話したけれど、田原さんはさっぱりわからんというので、別の理屈をつくった。しかし、田原さんに言わせると、学者を連れていくと難しいこともわかってしまうから、難しいことがよくわからない政治家がいいと言って、石原伸晃さんを連れていった。しかし、彼もやはりわからないと。そうやって何度も理屈を考えて、三回目になって、ようやくわかる理屈ができたというんです。

郵政民営化によって税金からの支出がどれぐらい減ったと思いますか。ゼロです。なぜなら郵便局は、税金を一円も使っていなかったからです。確かに、郵便事業は赤字です。しかし、その分は郵貯とか簡易保険から回して補塡していたわけです。郵便の中で回っているから、国民の税金は使っていなかった。ですから、郵政民営化をしても、税金は節約できません。

ところが、公務員という身分を持っているのは、けしからんということになります。官僚は収奪している階級で、国民は、みんな、官僚が嫌いなんです。たとえば歌謡曲や演歌の世界でも、森の石松をたたえた歌はありますが、警察官をたたえる歌などありません。童謡の「犬のおまわりさん」くらいでしょう。しかし、「犬のおまわりさん」なんか歌ったら警察官はみんな怒ります。一番身近な警察でさえ、階級的なものということが我々には刷り込まれているのです。

小泉さんは、あの郵政民営化選挙で、「官僚階級対それ以外の人たち」という二分化を行って、それで選挙に勝ったわけです。その後、小沢一郎さんは、「増税反対、官僚の言うままになってはいけない」と主張して、小泉さんのやったことの一種の縮小再生産をやっていますが、一回目はうまくいきますが、二回目はうまくいかない。しかも、小泉さんは、本当のところ官僚と戦ってはいない。小沢さんは、本当に本丸である財務省と戦っていますから、この戦いはそう簡単にはいかないでしょう。

ただ、さっき言いましたように、日本の国家が生き残るためには税と社会保障の一体改革が必要だという方向に、好き嫌いは別にして、これから進んでいくことになるでしょう。これは国家の論理です。しかし、その論理に我々がそのままつき合う必要はありません。そこで中間団体の存在が重要になってきます。

モンテスキュー『法の精神』

かつて京都仏教会の皆さんが、逮捕勾留の危険に現実にさらされながらも、あの古都税の問題と取り組んで戦いました。あのとき、「こんなものはけしからん」と思ったというわけですが、なぜそう思ったのか。やはり宗教団体にずっと流れているところの社会の代表であるという意識が刺激されたからなんです。

ここで重要になってくるのは、民主主義をどうやって担保するのかという問題です。モンテスキューの『法の精神』という本があります。岩波文庫で三巻（上・中・下巻）あるのですが、私はこれまで「この本を読んだことがある」という人に出会ったことがありません。私は苦労して全部読みました。重要なのは下巻です。司法、立法、行政の三つの権力の分離によって民主政治を担保するという三権分立の思想は、小学校、中学校、高校の教科書で学びますが、それは、後からモンテスキューをそう解釈した人たちの説明にすぎず、モンテスキューの『法の精神』にはそうは書かれていません。モンテスキューは、全く別の考え方をしていました。民主主義を担保するのは個人の人権ではない。個人の人権というのは、国家権力と対峙したときには、簡単に吹き飛ばされてしまう危ういもの。まして国家が民主主義や国民の権利を保全するはずはなく、その逆だと考えていました。そのなかで、民主主義をどう保全していくのか。その役割を担うのは中間団体だと考えていたのです。

中間団体こそ民主主義の砦

中間団体とは、国家と個人の間にあるもので、自分のためにだけ働いているのではなく、国家の代表でもない、ギルドや教会のような組織や団体のことです。自己完結していて、自分たちの生きる糧《かて》は自分たちでつくり出している、あるいは畑を持って農業をやって自給できる、あるいは檀家の布施やネットワークをつくって自立している、国家と構えても、基本的に自分たちの助け合いのネットワークでやっていくことができるような組織のことです。

こういう組織がいくつもあることによって、民主主義は担保されているのです。近代にな

Q 中間団体と民主主義

大家族、ギルド、教会など、国家と個人の間にある団体を中間団体と言います。近代化の過程で、これら中間団体からの自立こそ個人の確立だと受け止められました。

しかし、こうした中間団体の弱体化は、近代国家の強化と裏腹の関係にあります。

モンテスキューは、専制化を防ぐ中間団体として、貴族や教会のような勢力を評価していましたが、その後のフランスでは、「中間団体を社会から除去することこそ近代化だ」とされ、たとえば職業選択の自由の観点から同業組合などが禁止されました。

民主主義と平等原理の進展によって中間団体が排除され、かえって画一化と個人の国家への依存が進むという、皮肉なパラドックスがここにあります。

ると、人間は一人一人がばらばらの存在になってしまって、個人が国家と直結してしまいます。そういう形になると、国民の権利も守れないし、中間団体というものの場所がなくなります。国家は本質的に中間団体が嫌いで、国家に依存するような個人が好きなんです。モンテスキューはそのことを喝破しているのです。

京都仏教会が古都税に反対して、あれだけ国家と緊張関係を持ったということは、京都仏教会が中間団体であるという認識を持ち、国家と対立する気はないけれど、我々の牙城に踏み込むなら、そのときは、我々の生き残りのために戦いますよ、という姿勢を示したということです。

近代の社会というのは、一人一人の人間をアトム（原子）のようにばらばらにしておいて、あるときにはそれを束ね、あるときには分離させるというように、人を物と見なしています。これは自然に対する見方においても同様です。前にも述べましたが、理性（ラティオ）という言葉は、そもそも「分割する」という意味です。ラティオによって分割したり結合したりして、合理的な形で社会を運営していこうとするのです。

しかし、人間は合理性だけで判断できるものではない、ということは遠い昔から知っていることです。その古《いにしえ》から持っている知は、本当の知恵で「智」という漢字で表されます。

この「智」を保全しているのが宗教団体です。

アメリカでは、新自由主義によって「小さな政府」をつくることによって、アメリカ国家を強化していこうという動きがありました。国民があまりにも国家の福祉に依存すると、国は弱体化する、というのがレーガン以降の発想でした。しかし、レーガンやブッシュ(父)は、キリスト教保守派の熱心な信者でした。実は、彼らの新自由主義には、大前提があったんです。小さな政府ではあるけれども、社会は大きい、ということです。教会に行けば、食べられない人も助けてくれる。自分たちのネットワークで就職を世話してくれる。だから国家を小さくしても、その代わりに受け皿になる社会、社会団体、中間団体があるという前提です。ところが、古きよきアメリカの中間団体は弱体化していたわけです。だから新自由主義的なアメリカの改革の結果、「一%の富裕層対九九%の我々国民」、というウォール街でのデモが起きるような状況になったんです。仮にアメリカの宗教が、宗教として以前のように機能していれば、食べることができない人たちは教会が救うことができる。職がなければ、自分たちのネットワークで探してくれる。恩着せがましいことや理屈を言わないで、そういう人たちの受け皿になってくれるネットワークがあったのです。そういうアメリカを前提としていたから政府を小さくしても大丈夫だと考えた。しかしそうはいきませんでした。

「きずな」はファシズム

こうなると、怖いことが起きる可能性が生じてきます。ファシズムの台頭です。オバマ政権には、多少ファシズムの要素があります。ロシアのプーチン政権にもファシズムの要素があります。

ここでファシズムとナチズムを混同しないことが重要です。ナチズムというのは、これも確かにファシズムの一種ですけれども、たいへん乱暴な思想です。というよりも、思想的なレベルがきわめて低い。要するに、アーリア人種は、世界で最も優秀な人種で、それは血筋と生まれてくる土地によって決まっているのだ、という思想です。つまり血と土の神話です。第一次世界大戦後のドイツがあれほど弱っていなければ、こんな荒唐無稽な神話がドイツ人の魂をつかむことなどなかったはずです。

ちなみに、人種主義というのは、民族主義とは異なります。人種は民族を超えます。たとえばノルウェーは、アーリア人種です。ヒットラーがそう言っていました。当時、クイスリングというノルウェーの大統領がいました。彼はルター派の牧師の息子で、ヒットラーと波長が合ったんです。だからヒットラーは、ノルウェーは我々と同じアーリア人種だと信じたんです。それで「レーベンスボルン（生命の泉）計画」というのを立てたのです。ナチスの親衛隊で金髪碧眼の背の高い男とノルウェーの色白で背が高い金髪の女性とを掛け合わせて、優秀なアーリア人の子供をつくり、ドイツ人家庭の養子とするというものです。第二次世界大戦が終わったとき、実は第二次世界大戦前にノルウェーでは死刑が廃止されていたのですが、ナチスと手を組んだクイスリングを処刑するために、法律を改正して、クイスリングに限定して死刑を可能にする法律をつくって、死刑にしたのです。我々はみんなクイスリングの犠牲者だ、ノルウェーはナチスと戦った、というパルチザン神話をつくって、戦後のノルウェーは福祉国家の道を進みました。ところがノルウェー人というのは、つらい労働や汚い労働はやらないから、そこにパキスタン人などの外国人労働者が入ってきます。何が起こるでしょう。二〇一一年、ブレイビークという反イスラームの排外主義者による爆弾と銃撃の無差別大量殺人事件が起きました。これは、ノルウェーの中でずっと潜っていた人種主義が火を噴いて起きた事件です。ナチズムは、ファシズムでも極端な形態です。しかしこういう病理現象がまた火を噴きはじめています。

では、ファシズムとは何か。イタリアのムッソリーニは知識人です。ヒットラーとムッソリーニの会談記録はほとんどありません。なぜかというと、ムッソリーニは、ドイツ語が堪能だったのでドイツ語で話しているんです。

ファシズムの発想というのは次のようなものです。一人一人がばらばらになっているところで、高度な産業化が進み、金融志向が出てくると、構造的に貧しい下層階級は上には上がれなくなる。そうすると社会が弱体化する。一つの処方箋としては、共産主義もあるけれども、「共産主義はうまくいかない」とムッソリーニは考えた。なぜかと言うと、共産主義思想は性善説だからです。人間は本質において性悪な存在だから、物がここにあると一人で全部持っていきたくなる、人が見ていなければ怠ける、人より上に立ちたがる、人を支配したくなる。これは人間の本性であり、共産主義になっても人間の心は変わらない。これは、生物として人間の持っている本性は超えることができないという、ダーウィンの影響を受けた考え方です。

そこで、悪によって悪を制すると考えたのです。国家は悪である。この国家を以て資本の悪を制すると。労働者は怠けることがあるので、雇用は確保するけれどもストライキは禁止する。国家が間に立つことによって全体の調整をして国を束ねる。この束ねるというのがイタリア語の「ファシオ」なんです。ファシオは日本語に訳すと「きずな」という意味です。「きずな」というのはファシズムです。「日本人のきずなをつくっていく」ということは、「日本人を束ねていく」ということで、それが知らず知らずのうちにファシズムの罠にはまっていくことになるのです。

国家の上からの「きずな」、ばらばらの人間をあるときにまとめるという「きずな」は、内側にいる人にとってはいいのですが、反動的に外側を必ずつくり出します。非国民をつくるんです。

ムッソリーニには反ユダヤ主義はありませんでした。「イタリアのために一生懸命働く者がイタリア人だ」という発想です。だからユダヤ人には全く問題がなかった。また、ジェンダーに関して、男が威張り過ぎている世の中はおかしいというのが、ムッソリーニの強い考えでした。だからイタリアで婦人参政権を主張したのも、軍隊で女性の将校を登用したのも、ムッソリーニです。

戦前の百科事典や経済学の本で「パレート」というのを引いて見てください。このパレートというのは、今でも社会福祉関係、あるいは近代経済学の一番頭の効用のところに出てきます。「パレート最適」という新古典派経済学の重要な概念を提唱したローザンヌ学派の中心的な人物で、社会福祉理論の根本に据えられています。戦前の経済学や百科事典を見るとファシズムの理論も出てきますが、そのパレートがムッソリーニの先生なんです。ムッソリーニは、パレートの経済思想の影響を受け継ぎながら、戦闘的な福祉国家をつくろうとしたのです。ローザンヌ学派には、ファッショ・インターナショナルという、世界をファッショ化していこうとする機関もありました。

アメリカでも、日本でも、ロシアでも、知らず知らずのうちに国家、官僚が中心となって、ばらばらになった国民を束ねて強化していこうという発想が出てきます。確かに、それによって今の社会の矛盾の一部を解決することはできるかもしれません。しかし、一方で必ず非国民を生み出し、官僚支配になります。そして官僚は、社会から収奪することによって存在している以上、そういう発想から抜け出すことができず、管理命令型の社会になっていきます。

それに対して抵抗の拠点になる受け皿は多くはありません。その数少ない受け皿の一つが、中間団体である宗教団体なんです。宗教団体は、キリスト教も、仏教も、自分では自覚していないことが多いのですが、そのように束ねられ強制されることに嫌悪感を持っています。それは単にずぼらだから嫌だということではありません。そのように管理されることの危険性がわかっているからです。

この相国寺の教化活動委員会の連続講座を例にとりましても、この場所は、実は完全に市民に開かれているわけではありません。申込によって参加者を認めているという意味で、完全に開かれているわけではない。しかし、完全に閉ざされたメンバーだけのものでもありません。このあたりが、社会との適度の距離を保っている中間団体のあり方として、おもしろいところだと思います。

では、なぜ私のような人間を講師に呼んでこようと思われたのか。皆さんは、そのことをあまり意識していなかったのではありませんか。しかし、私のような人間の話を聞くことによって、ひょっとして中間団体である宗教団体というもののあり方について、どこか別の切り口から見えてくるのではないかという目論見があったのかもしれません。そして自分たちの宗教団体を強化することによって、国家がファシズムのような方向に向かっていくことを阻止するための砦としての役割を担うことができる、あるいは宗教団体のネットワークを強化することによって、それが結果として国を強くすることになる、ということが、皆さんには見えているのかもしれません。

この四回の講座には重要な意味があったと思います。大きな転換期に入っている今の日本の社会が生き残っていくためにはどうすればよいか。お寺という自分たちの場でこのような講座を継続していくことが、実は民主主義を守るための砦になっているのだということを認識していただきたいと思います。

質疑応答

【質問者】

一、民主主義を担保する中間団体として宗教グループを挙げられましたが、ほかにこういう団体はないのでしょうか。たとえば企業やＮＰＯなど。

二、高福祉高負担の国として税金負担が八〇％という北欧のような国のあり方は、人口が五〇〇～六〇〇万人ぐらいだから可能だというお話でした。そうであれば、日本も、都道府県あるいは三〇万か四〇万ぐらいの基礎自治体のレベルに落として、そのレベルで教育や医療を責任持ってやる、税収もそのレベルで完結させるという形はできないものでしょうか。

まず二番目の方ですが、基礎自治体のレベルでそういうネットワークをつくっていく形での高福祉高負担の社会というのは、可能だと思います。その方向に転換していくやり方というのは、一つのシナリオとしてありうると思います。ただ、その場合、帝国主義的な時代の競争の中で、果たして打ち勝っていくことができるのかという問題はあります。ノルウェーも、スウェーデンも、競争力は結構強いんです。つまり、企業の税金が高いからイノベーションがなくなるというわけではない。やはり人間のインセンティブというのは、この社会のために自分は貢献しているという認識こそ大事で、こういう認識さえあれば自分の懐に入ってこなくても、税金で持っていかれても、企業も、それを受け入れることができる。それによって企業家が何を得るかと言えば、名誉です。それで満足できる社会になれば、この可能性は大いにありえます。

宮本太郎さんという北海道大学の政治学の先生がいます。与謝野馨さんのブレーンです。宮本太郎さんのお父さんは、日本共産党の議長を長く務めた宮本顕治さんです。日本共産党のトップだった人の息子さんは、社会福祉理論の専門家なんです。

彼は日本型福祉の分析をしているのですが、非常によくできていて、彼の研究はおもしろい。日本は「中負担高福祉の国」だと分析しています。中負担程度ですむのは、国家が本来果たさなければならない役割を企業や団体が果たしているからだ、というのです。だから好景気になっても、利益は株主に配当されるのではなく、企業の内部留保に回されて、従業員の福利厚生に使われる、あるいは従業員の年金に使われる。景気が悪くなっても、首切りはしないで、全体の給与水準を押さえて、雇用を確保していく。こういう体制というのは、実は、中間団体としての機能を会社が果たしているからこそ可能になります。

ここで、一番目の話につながります。「会社」というのは、英語で「ソサエティ」です。「社会」と同じなんです。

中間団体には二つのタイプがあります。一つは、地域に根差している中間団体で、コミュニティです。このタイプは、最近ではどんどん減ってきてしまいました。たとえば沖縄には郷友会といったものが強く存在しています。あるいは県人会みたいなものがあります。これは地域に根差した共同体です。その元をたどれば、たとえば右翼の理論家でなおかつアナキズムの理論家だった権藤成卿という人がいます。五・一五事件とか二・二六事件の後ろでいろいろ暗躍していた人です。一九三七年に死んでしまいますが、アナキズムにも非常に影響を与えました。彼の発想は、日本の律令制の導入は失敗だったという認識から出てきています。律令制というのは、法律によって、天皇の官僚群をつくって国家を統治していくという発想です。その律令制より前の日本にあった社稷《しゃしょく》が重要なんだと彼は言うのです。「社」というのは土地の神で、「稷」というのは穀物の神です。それぞれの土地で、それぞれの穀物を尊ぶことで、氏神様が生まれてくる。そのネットワークの結実点として天皇がある、というわけです。この社稷の発想から、下からの共同体が生まれてくる。これが地縁に基づいた形での中間団体のつくり方です。アメリカで出てくるコミュニティあるいはコミュニタリアンというのも、そういう発想です。

もう一つ別の中間団体があります。それはアソシエーション、結社型の団体です。人々は一人一人ばらばらなんですが、こういったことをやりたいという人たちが集まってきて、閉ざされた自分たちの互助的な組織をつくる。これが会社です。本来は、フリーメーソンのような発想から来ているわけです。

ですから宗教団体というのは、たとえば教会でも、お寺でも、世襲が多い。何でお坊さんをやるのか、何で牧師になるのかと言ったら、ずっと親がそうだったから何となくそうなるんだということになります。これは、コミュニタリアン、コミュニティ的な発想です。それに対して自発的にそこに加わってくるというのは、アソシエーション的な発想です。ただ、いずれの形態であれ、中間団体が解体されるということになると、民主主義は弱まってきて直接的な官僚統制になってしまいます。もっと正確に言うと、自由民主主義が弱まるということです。

民主主義と独裁は矛盾しません。国会議員が今、一〇〇人いるとします。そうやって日本国民が一〇〇人に権利をゆだねたとします。では、それを九九人にすることで本質的に何か変化が生じるかどうか。

今、国会議員の数を減らそうという議論が起きています。一〇〇人を九九人にしても、代表制民主主義は変わらない、ということだとしたら、さらにもう一人減らして九八人にしたらどうなるか。さらにもう一人減らして九七人にしたらどうなるか。この操作をずっと続けていけば、最後は一人の人が社会全体を代表するということになって、これでも民主的だと言えるわけです。こういう理論を組み立てたのは、ナチスの初期の理論家であるカール・シュミットです。『大統領の独裁』という本を書いています。未來社から翻訳（一九七四年）が出ています。

それに対して、自由主義というのは全く異なります。「おれにさわるな」というのが自由主義です。「おれにさわるな。おれが何をやろうと勝手だ」と。自由主義のポイントは愚行権にあります。愚かなことをする権利を認める。「愚行権」と言うと聞こえが悪いので、近代法では、日本国憲法にもあるようにふつうは「幸福追求権」と呼ばれています。

たとえば野良猫を一匹飼うとします。その野良猫を子猫から育てて一八年生きるとすると、どれぐらいお金がかかるか。獣医さんに診せるか診せないかで変わってきますけれども、獣医さんに診せると二五〇万円ぐらいかかります。猫を三匹飼っていれば、それでメルセデスが買えます。そうすると、猫を飼うというのは、外から見て愚かなことに見えますが、そうであっても、猫好きの人にとってはそうではない。他者危害排除の原則を唯一の例外にして、その猫が人に迷惑をかけない限りはいいんです。

そうすると、その辺の境界線上にあるのはマリファナです。マリファナはオランダでは解禁されています。なぜか。

マリファナには常習性は少なく、マリファナによってトリップしても、それで人に危害を加えるという蓋然性は極めて低いからです。アルコールのほうが危ないぐらい。

ところが覚せい剤は厳禁です。覚せい剤を打つと常習性が出て、なおかつ妄想があらわれ、他者に危害を加える蓋然性が高くなり、他者危害排除の原則に反することになるからです。酒井法子さんの反省本を読んだんですが、彼女は、「悪かった、悪かった、運が悪かった」ということで、全く反省していません。「私の体がぼろぼろになっても、それは私の責任だから何で悪いのか。世の中は悪いと言うから、まあ仕方ない」という感じです。

彼女は、覚せい剤が他者危害排除の原則に反するという理解が非常に希薄なわけです。日本の法律体系は、自殺を禁止していません。近代法は自殺を禁止していないんです。ということは、自己処分権がどこまで及ぶかということだけが問題になってきます。

話を戻します。ですから、自由主義原理とファシズムは、ファシズムと民主主義原理は、相性がいいところがあるんです。そうすると、今のポピュリズムであるとか、橋下徹現象、あるいは小泉現象というのは、実を言うと、自由主義とは対立するんですが、ある種の民主主義とは合致してしまうのです。ですから、民主主義の行き過ぎというのは、結構、危険です。フランス革命の三つの原則は、自由、平等、博愛あるいは友愛でした。自由と、平等あるいは民主というのは、逆のベクトルを向いているんです。「そのバランスをとるのは、おれたち仲間じゃないか」ということで友愛が出てきます。その仲間意識の友愛で成り立つのが、中間団体なんです。基本的には、顔が見える範囲で関係を大切にしよう、という考えです。

佐藤　優（さとう　まさる）

1960年東京都生まれ。作家・元外務省主任分析官。同志社大学大学院神学研究科修了。著書に『国家の罠』『自壊する帝国』『交渉術』『私のマルクス』『読書の技法』『同志社大学神学部』『人間の叡智』など多数。

文春新書

955

サバイバル宗教論《しゅうきょうろん》

2014年（平成26年）2月20日　第1刷発行

著　者	佐藤　優
発行者	飯窪成幸
発行所	株式会社 文藝春秋

〒102-8008　東京都千代田区紀尾井町3-23
電話（03）3265-1211（代表）

印刷所	理想社
付物印刷	大日本印刷
製本所	大口製本

定価はカバーに表示してあります。
万一、落丁・乱丁の場合は小社製作部宛お送り下さい。
送料小社負担でお取替え致します。

ISBN978-4-16-660955-0